재미있다! 한국사

교과서 핵심을 담은 한국사 현장 수업
재미있다! 한국사 3

2015년 3월 30일 초판 1쇄 발행
2025년 3월 4일 초판 13쇄 발행

글	구완회
그림	김재희

펴낸이	염종선
책임편집	정편집실 이하림
디자인	반서윤
펴낸곳	(주)창비
등록	1986. 8. 5. 제85호
제조국	대한민국
주소	10881 경기도 파주시 회동길 184
전화	031-955-3333
팩스	031-955-3399(영업) 031-955-3400(편집)
홈페이지	www.changbikids.com
전자우편	dongmu@changbi.com

ⓒ 구완회, 김재희 2015
ISBN 978-89-364-4661-1 74910
ISBN 978-89-364-4960-5 (전6권)

* 이 책 내용의 일부 또는 전부를 재사용하려면 반드시 저작권자와 창비 양측의 동의를 얻어야 합니다.
* 책값은 뒤표지에 표시되어 있습니다. * KC마크는 이 제품이 공통안전기준에 적합하였음을 의미합니다.
* 사용 연령: 5세 이상 * 종이에 베이거나 긁히지 않도록 주의하세요.

재미있다! 한국사 3

구완회 글 ● 김재희 그림 ● 한명기 감수

창비

머리말

현장에서 배우는 우리 역사

"역사란 무엇일까요?"

여러분 또래의 친구들에게 역사에 대해 강연할 때 단골로 하는 질문입니다. 뜻밖의 질문에 당황한 탓인지 대개는 서로 눈치 보기 바쁘지요. 그러다 한 아이가 손을 번쩍 들고 대답합니다.

"옛날에 일어났던 일요."

"옳지. 그런데 옛날에 일어났던 일이 모두 역사일까?"

"음, 그중에서도 중요한 일요!"

"오, 그래! 그런데 뭐가 중요한 일이고 뭐가 안 중요한 일이지?"

"……."

보통 이쯤 되면 말문이 막히고 맙니다. 그러면 제가 대답하지요.

"역사적으로 중요한 일이란 사람들의 삶에 영향을 끼치고 시대 흐름을 바꾼 사건들을 말해. 단군이 고조선을 세운 뒤부터 사람들은 한반도에서 나라를 이루어 살게 되었어. 철로 농기구를 만들면서 곡식을 많이 거두게 되어 사람들의 생활이 풍요로워졌지. 또 고려 때 무신의 난이 일어나자 전국에서 농민과 노비가 잇따라 난을 일으켰고. 조선이라는 나라가 세워지고 유교를 국교로 삼자 사람들의 일상생활도 차츰 변했단다. 그런가 하면 6·25전쟁은 오늘날 남과 북이 갈라지는 데 결정적인 영향을 끼쳤고 말이야. 이렇게 사람들의 삶과 시대의 흐름을 바꾼 사건들이 모여서 역사를 이루는 거란다."

그리고 두 번째 질문을 합니다.

"우리는 왜 역사를 배워야 할까?"

"시험을 봐야 하니까요!"

순간 "와!" 하는 함성과 함께 웃음이 터져 나옵니다.

"이런, 시험을 보기 위해 역사를 배우는 게 아니야. 역사가 중요하기 때문에 학교에서 역사를 배우고 시험까지 보는 것이지. 방금 전에 시대 흐름을 바꾼 사건들이 모여 역사를 이룬다고 했지? 그러니까 역사를 알아야 지금 우리가 사는 세상이 왜 이런 모습이고, 앞으로 어떻게 변해 나갈지 알 수 있는 거야. 좀 더 나아가 생각해 보면 우리가 원하는 세상을 만들기 위해 무엇을 해야 하는지도 알 수 있을 테고."

고개를 끄덕이는 아이들이 생깁니다.

"그럼 역사를 어떻게 공부하는 것이 좋을까? 여기에는 여러 가지 방법이 있어. 그중에서도 역사 현장을 찾아가 유물과 유적을 직접 보는 방법을 추천하고 싶단다. 교실에서 배우는 것과는 비교할 수 없이 생생한 역사를 몸소 느낄 수 있거든. 현장에서 만나는 역사는 글로만 배우는 것보다 더더욱 실감 나고 머릿속에 오래오래 남는단다."

그러고 나서 역사 현장과 유물, 유적 사진을 같이 보면서 강연을 이어 갑니다.

자, 그럼 지금부터 여러분도 저와 함께 역사 현장으로 떠나 볼까요?

2015년 3월

구완회

차 례

머리말 _ 현장에서 배우는 우리 역사 • 4
등장인물 • 11

1부 새 나라 조선을 세우다

1교시 한눈에 보는 조선, 조선 사람들 _ 광화문 광장

광화문 광장에서 조선 찾기 • 18
유교로 나라를 세우다 • 20
조선의 과학을 연구하라! • 22
광화문 광장에서 조선 500년 역사를 만나다 • 24

2교시 혁명파 신진 사대부, 조선을 열다 _ 국립중앙박물관 고려실

고려의 혼란, 동아시아의 혼란 • 29
개혁이냐, 혁명이냐 • 32
위화도 회군, 주사위는 던져졌다! • 36
온건파와 혁명파, 최후의 결전 • 39

가상 인터뷰! 조선 건국의 숨은 주역, 정도전 • 41
조선의 종묘에서 고려 공민왕을 만나다 • 42

3교시 600년 전 서울로 떠나는 시간 여행 _ 서울역사박물관

유교로 디자인한 도시 • 48
조선의 궁궐이 다섯 개인 까닭 • 51
조선 시대 한양에도 강남과 강북이 있었다? • 54
정도전의 그림을 완성한 이방원 • 57
서울의 역사를 한눈에, 서울역사박물관 • 60

2부 문화와 과학을 꽃피우다

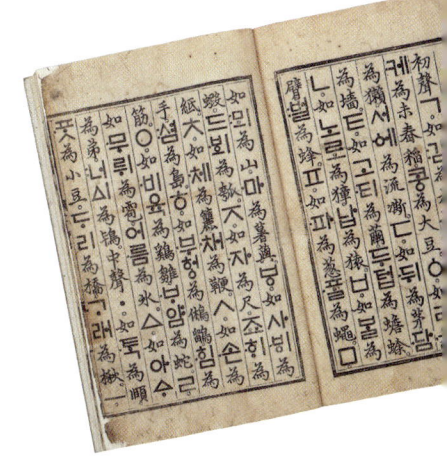

4교시 조선의 새 기운, 한글로 꽃피다 _ 경복궁

집현전에서 벌어진 독서 시합 • 67
책벌레 셋째 왕자, 조선의 왕이 되다 • 70
백성들을 위해 만든 글자 • 72
훈민정음 결사반대! • 75

조선 궁궐의 교과서, 경복궁 • 78

5교시 과학에서 문화까지, 세종의 모든 것! _ 국립고궁박물관

노비 장영실, 국비 유학을 떠나다 • 82
조선의 자연은 중국과 다르다 • 85
북방 개척의 두 얼굴 • 88
세계를 놀라게 한 조선의 기록 문화 • 91

'신의 손' 장영실이 만든 발명품들 • 93
궁궐 사람들의 숨결을 느끼다, 국립고궁박물관 • 94

6교시 법대로 하는 나라, 조선 _ 국립중앙박물관 조선실

2보 전진을 위한 1보 후퇴 • 99
집현전에서 홍문관으로 • 102
『경국대전』으로 알아보는 조선의 일상생활 • 106

『경국대전』에 따라 다음과 같이 판결한다! • 109
빌딩 숲 속 숨은 왕릉 찾기, 선정릉 • 110

3부 유교 위에 자리 잡은 조선 사회

7교시 유교, 정치에서 생활이 되다 _ 국립민속박물관, 성균관

조선 시대 관혼상제 구경 • 116
삼강오륜이 뭐야? • 121
성균관 최고의 수재, 조광조 • 123
사림의 집권, 유교의 생활화 • 126
조선 대표 공붓벌레들을 찾아서, 성균관 • 128

8교시 귀족에서 양반으로, 백정에서 백성으로 _ 남산골 한옥 마을

남산골 한옥 마을에서 조선 양반 집 구경 • 134
조선 전기 양반 남녀의 일생 • 136
양반도 안 부러운 조선 중인의 저택 • 138
나라를 먹여 살린 조선 상민 • 141
한옥에서 배우는 옛사람의 지혜, 남산골 한옥 마을 • 144

9교시 봄, 여름, 가을, 겨울 조선 농민들의 생활 _ 농업박물관

양반은 기와집, 농민은 초가집 • 148
논밭의 사계, 농촌의 사계 • 150
24절기를 찾아라! • 154
세시 풍속과 세시 음식 • 156
양반 따로 상민 따로, 남자 따로 여자 따로 • 160
농사를 알면 역사가 보인다, 농업박물관 • 162

4부 임진왜란과 병자호란

10교시 조선, 일본, 명나라를 휩쓴 임진왜란 _통영 한산도

'침략한다' 대 '아니다', 누구 말이 맞는 거야? • 169
23전 23승, 조선 수군의 비결 • 172
양반에서 천민까지 의병을 일으키다 • 177
13 대 130, 기적 같은 승리 • 181
조선과 일본, 중국을 모두 바꾼 임진왜란 • 186

이순신 장군을 따라가는 통영 여행 • 190

11교시 조선의 왕이 무릎을 꿇다, 병자호란 _남한산성

광해군의 중립 외교, 인조반정을 부르다 • 194
병자호란과 삼전도의 굴욕 • 197
병자호란이 남긴 것들 • 201
북학론 대 북벌론 • 203

끝장 토론, 척화파 대 주화파 • 205
역사 따라 걷는 산길, 남한산성 • 206

찾아보기 • 209   참고한 책과 사이트 • 212   사진 제공 • 213
'재미있다! 한국사' 시리즈에 자문해 주신 선생님들 • 214

일러두기

1. '재미있다! 한국사' 시리즈는 새롭게 바뀐 초등학교 사회 교과서 역사 영역을 반영해 만들었습니다. 본문에 📖 표시와 함께 삽입한 글은 교과서의 주요 내용을 발췌·요약·정리한 것입니다.
2. 띄어쓰기와 맞춤법은 국립국어원 표기 원칙에 따랐습니다.
3. 이 책에 나오는 외국 인명, 지명 등은 국립국어원 외래어 표기법에 따라 표기했습니다. 단, 중국의 지명은 독자 이해를 돕기 위해 한자를 우리말로 읽어 주고, 꼭 필요할 경우에만 괄호 안에 국립국어원 외래어 표기법에 따른 지금의 지명을 써넣었습니다.
4. 본문에 나오는 책의 제목이나 신문 이름에는 『 』를, 그림이나 노래 같은 예술 작품의 제목에는 「 」를 붙였습니다. 단, 그림이나 사진 설명 글에서는 예외를 두었습니다.

등장인물

답사반 대장 '구쌤'

'재미있다! 한국사' 답사반 대장이자 한국사 현장 수업을 진행하는 역사 선생님. 어린아이처럼 천진난만하고, 장난기 넘치며, 흥이 많아 유쾌 발랄하다. 하지만 역사 이야기를 들려줄 때만큼은 누구보다 진지하다!

으뜸 대원 '똘이'

구쌤과 함께 답사반을 이끄는 강아지. 대원 가운데 유일하게 구쌤과 대화가 가능하다. 호기심 많고, 아는 것 많고, 퀴즈 내기를 좋아한다.

깍두기 대원 '토리'

새롭고 신기한 것을 좋아하며 먹성이 좋은 다람쥐. 주의가 산만한 데다 유물들을 만지작거리고 깨물어 대기 일쑤다. 답사반 요주의 인물.

미스터리 대원 'XX'

정체를 알 수 없는 쌍둥이 고양이. 구쌤의 말에 언제나, 어김없이, 무관심하고 시큰둥해 웬만해선 반응이 없다. 말을 하지 않아 이름도 모르지만 현장 수업에 꼭 따라와 주변을 어슬렁거린다.

1392년 — 이성계가 고려의 공양왕을
         몰아내고 새 왕조를 세우다

1393년 — 태조 이성계가 새 나라 이름을
         조선으로 바꾸다

1394년 — 한양으로 수도를 옮기다

1395년 — 경복궁을 완공하다

1398년 — 이방원이
         1차 왕자의 난을 일으키다

1400년 — 태종 이방원이 2차 왕자의 난에서
         승리하여 왕위에 오르다

1413년 — 전국을 8개의 도로 나누고
         수령을 파견하다

1부

새 나라 조선을 세우다

1교시 | **한눈에 보는 조선, 조선 사람들** _ 광화문 광장
2교시 | **혁명파 신진 사대부, 조선을 열다** _ 국립중앙박물관 고려실
3교시 | **600년 전 서울로 떠나는 시간 여행** _ 서울역사박물관

1교시
한눈에 보는 조선, 조선 사람들

> '옛날' 하면 뭐가 떠올라? 한복을 입은 사람들, 기와집과 초가집, 서당에서 훈장님께 혼나는 아이……. 그런데 그거 아니? 우리가 아는 옛날이란 대부분 조선 시대에 새롭게 만들어진 모습이란 걸. 흔히 '전통 음식' '전통 혼례'라고 하면 대개 조선 시대의 것들을 말하지. 이전과는 다른 전통을 만들어 낸 조선은 어떤 나라였을까?

여기가 어딘지 아니? 너무 쉽지. 저기 이순신 장군이 큰 칼을 옆에 차고 늠름하게 서 있는 모습이 보이니 말이야. 그 뒤로는 세종 대왕이 인자한 미소를 짓고 계시는군. 그래, 여기는 광화문 광장이야. 이곳은 지금도 서울의 중심지 중 하나이지만, 조선 시대에는 한양의 유일한 중심이었단다. 그때의 한양은 지금의 서울이랑 비교하면 그 규모가 수십 분의 일에 불과했으니까. 그때는 강남도 여의도도 서울이 아니었거든.

자, 지금부터는 새로운 나라, 조선에 대해 배우기 시작할 거야. 어? 조선은 새로운 나라가 아니라 옛날 나라 아니냐고? 물론 오늘의 우리가 보면 그렇지. 하지만 600여 년 전, 조선이 처음 문을 열었을 때는 아주 새로운 나라였어. 새로운 사람들이 새로운 생각을 가지고 새로운 도읍에 새 나라를 세운 것이었거든.

고려를 지배했던 사람들은 누구지? 이런, 벌써 까먹은 거야? 바로 귀족이야. 통일 신라 말기에 등장한 호족들이 후삼국을 통일한 고려의 귀족으로 바뀌어 나라를 다스린 거지. 하지만 조선을 건국한 사람들은 고려를 지배했던 귀족과는 달랐어. 그들의 이름은 사대부. 고려 말에 새롭게 진출했다 하여 '신진 사대부'라고도 불려. 원래 사대부란 관직에 오른 사람을 가리키는 말이야. 그러니 사대부란 이전에도 있었지. 하지만 조선을 건국한 신진 사대부는 여러 면에서 그 전까지의 사대부나 귀족과는 달랐어.

우선 조선의 신진 사대부는 상당수가 지방 향리 출신이야. 향리는 지방 행정을 돕는 낮은 벼슬아치를 말하지. 이들 역시 지배층이었지만 귀족이 아니라 중류층이었어. 고려의 신분 제도가 귀족·중류층·양인·천민으로 이루어졌다고 설명했던 것, 기억나지?

조선의 신진 사대부는 고려의 귀족들과는 생각이 달랐어. 고려의 귀족들은 유교를 바탕으로 정치를 하면서도 불교 또한 백성들을 다스리는 수단으로 삼았지만, 조선의 신진 사대부들은 불교를 철저히 배척했지. 이들은 철저히 유교에 바탕을 둔 나라를 만들고 싶어 했고, 그래서 조선이 태어난 거야. 그러니 조선은 새로운 사람들이 새로운 생각을 가지고 만든 나라인 거지.

새로운 사람들이 새로운 생각으로 새 나라를 만들었으니, 새로운 도읍을 정하고 싶은 것은 당연했어. 더구나 500년 동안이나 고려의 수도였던 개경(지금의 개성)은 귀족들의 세력 기반이 확고한 곳이었거든. 귀족들의 세력을 약화시키고 자신들의 기반을 강화하기 위해서는 수도를 옮겨야 했지. 그래서 이들이 선택한 곳이 바로 한양이야. 나라의 중심에 있고, 한강이 있어 물을 구하기 쉽고, 교통까지 편리했거든. 한양에서 새로운 나라, 조선의 역사가 시작되었어.

 **한양과 경쟁했던 후보 지역들**

한양이 조선의 수도로 결정되기 전에 또 다른 후보 지역들이 있었어. 하지만 이 지역들은 아래와 같은 이유로 한양에 밀려 수도가 되지 못했어.
- 도라산 기슭(경기 파주): 교통이 불편하고 땅에 습기가 너무 많아 탈락!
- 무악산 기슭(서울 신촌): 산으로 둘러싸여 있고 물이 충분하나 나라의 수도로 삼기에는 터가 너무 좁아서 탈락!
- 계룡산 기슭(충남 공주): 한양보다 먼저 조선의 수도로 선정된 곳. 건설 공사까지 시작했으나 너무 남쪽으로 치우쳐 있다는 이유로 탈락!

광화문 광장에서 조선 찾기

광화문 광장은 새로운 나라 조선에 대해 알아보기 좋은 장소야. 그런데 오늘날의 광화문 광장에서 옛 모습을 찾아보기는 무척 힘들어. 600년이라는 시간이 흐르면서 길도, 건물도, 거리를 다니는 사람도 달라졌으니까 말이야. 그래서 우리한테는 상상력이 필요해. 지금의 광화문 광장을 보면서 조선 시대를 떠올릴 수 있는 상상력! 뭐라? 상상력이 부족하다고? 이런, 그래도 걱정할 필요 없어. 조선 시대의 광화문 거리를 옆에 그려 놓았으니까 말이야.

저 멀리 눈에 익은 커다란 문이 보이니? 그래, 광화문이야. 그 뒤에 보이는 것은 북악산이고. 그림에서 잠깐 눈을 떼고 지금의 광화문 사진과 비교해 볼까? 뭐, 비슷한 것 같다고? 지금의 광화문은 2010년에 지어진 거야. 옛 모습 그대로 복원한 것이지만 아무래도 오래된 느낌은 안 나지.

광화문 앞으로 큰길이 나 있지? 오가는 사람들도 많고. 여기가 바로 지금의 광화문 광장이야. 조선 시대의 이름은 '육조 거리'. 육조란 나라의 행정 부서들로 이조, 호조, 예조, 병조, 형

조, 공조를 이르는 말이야. 지금으로 치면 행정자치부, 기획재정부, 외교부, 국방부, 법무부, 국토교통부에 해당하는 중앙 관청들이지. 이 널따란 길 양편으로 들어선 기와집들에 육조와 다른 관청들이 들어와 있었어. 그러니 육조 거리에는 아침저녁으로 출퇴근하는 관리들로 붐볐겠구나. 지금은 어때? 광화문 광장 양쪽 거리에는 빌딩들이 줄지어 서 있네. 빌딩 앞에는 조선 시대 관청들의 터를 알려 주는 표석들이 곳곳에 있단다.

유교로 나라를 세우다

여기서 질문 하나. 조선 시대의 한양 거리가 고려의 도읍인 개경과 가장 달랐던 점은 무엇일까? 앞의 그림을 보면서 생각해 봐. 2권에서 살펴본 개경의 모습을 떠올리면서 말이야. 잘 모르겠다고? 그럼 힌트 하나. 개경에는 있었는데 한양엔 보이지 않는 것들이 있어.

정답은 절과 스님들! 개경에는 사찰이 무려 500여 개나 있었어. 고려의 국교는 불교였으니까 당연히 거리마다 승려들이 넘쳐났지. 개경에서 가장 번화한 거리에 있던 보제사라는 절에는 무려 60미터 높이의 탑이 있었대. 개경 시내에서는 곳곳에 솟아오른 탑이 흔히 보였지. 그런데 한양의 중심가인 육조 거리는 어떠니? 절이나 탑은커녕 승려 한 사람 찾아볼 수 없구나. 혹 그림에서 우연히 빠진 것은 아니냐고? 아냐. 아까 이야기했듯 불교를 억압하는 조선 사대부의 정책은 한양에서도 그대로 드러났어. 절을 더 이상 못 짓게 하

는 것은 물론이고, 있는 절도 없애고, 한양에 승려들이 오는 것마저 막았지. 그리고 1895년에 이르러서야 다시 한양에 승려들의 출입이 허락되었다니, 참 철저하게도 불교를 탄압했구나.

조선 정부는 유교를 숭상하는 동시에 불교를 억압했어. 이걸 가리켜 '숭유억불'이라고 부른단다. 특히 불교식으로 치러지던 장례와 제사를 유교식으로 바꿀 것을 적극 권장했지. 하지만 사람들의 관습이 어디 하루아침에 바뀌나. 유교가 조선 백성들의 일상생활에까지 뿌리를 내리는 데는 수백 년의 시간이 필요했어. 18쪽의 그림 아래쪽에 혼례식 장면이 보이지? 이런 혼인 풍습과 신혼살림도 유교식으로 바꾸는 데 오랜 시간이 걸렸어. 여기에 대해서는 나중에 조선 시대 여성에 대한 수업에서 자세히 설명해 줄게.

조선의 과학을 연구하라!

19쪽의 그림 가운데, 개천 옆에 모인 사람들이 보고 있는 건 뭘까? 어디서 한 두 번쯤은 본 적이 있을 거야. 맞아, 해시계. 세종 때 만들어진 해시계는 '앙부일구'라고 불렸지.

건국 초기의 혼란스러웠던 조선이 어느 정도 안정되고 난 이후, 그러니까 4대 임금인 세종이 즉위한 뒤에는 과학 기술 발전에 박차를 가했어. 해시계와 물시계, 천문 관측 기구를 만들고, 달력을 만들고, 농업 기술서를 인쇄해서 널리 보급했지. 가만, 달력이라. 그럼 그 전에는 달력 없이 살았다는 말인가? 그럴 리가. 다만 이전까지는 우리가 만든 달력이 아니라 중국이 만든 것을 쓰고 있었어. 우리식 달력을 만들었다는 것은 독자적인 과학 기술이 발전하기 시작했다는 뜻이지. 이것은 독자적인 문화로도 이어져. 그 절정은 훈민정음 창제였고. 여기에 대해서는 다음에 세종의 업적을 다룰 때 자세히 이야기해 줄게.

그럼 이쯤에서 새로운 나라 조선에 대해 교과서에서 뭐라고 설명하는지 한번 살펴볼까?

 고려의 뒤를 이어 새로운 나라 조선을 세운 왕, 나라를 세우는 데 공이 큰 사람, 백성 모두의 바람은 살기 좋은 나라를 만드는 것이었다. 조선을 건국한 이성계와 신진 사대부들은 유교 정신에 따라 나라를 다스리고자 하였다. 유교에서는 백성이 나라의 근본이 되고 사람답게 살아갈 수 있는 길을 만들어 주는 것을 강조하였다.

조선은 과연 고려보다 더 살기 좋은 나라였을까? 적어도 나라를 세우고 한동안은 그랬던 것 같아. 2권에서 살펴보았듯 고려 말은 혼란이 가득한 시기였거든. 고려의 귀족들은 그런 혼란을 해결할 능력이 없어 보였지. 오히려 그들이 혼란을 일으켜 백성들을 힘들게 했으니까. 조선을 세운 사람들은 어떻게 이 문제를 해결할 수 있었을까? 다음 시간에 자세히 살펴보기로 하자. 오늘은 아쉽지만 여기서 수업 끝!

돌발 퀴즈

다음은 조선 건국 이후 한양의 풍경을 묘사한 것들이다. 틀린 것은?

① '육조 거리'는 여섯 개의 관청이 들어선 거리여서 붙은 이름이다.
② 사람들이 붐비는 육조 거리는 한양의 중심 거리였다.
③ 고려의 수도 개경과 마찬가지로 곳곳에 사찰이 들어섰다.
④ 지금처럼 광화문 뒤로는 북악산이 보였다.

정답 | ③번. 조선은 숭유억불 정책을 펴서 있던 사찰도 없애 버렸다니까.

 역사 현장 탐사

광화문 광장에서 조선 500년 역사를 만나다

1896년의 육조 거리

지금의 세종로 광화문 광장에서 조선 시대 육조 거리의 흔적을 찾기란 쉽지 않아. 조선 시대 육조 거리는 아무것도 없이 뻥 뚫린 넓은 길이었단다. 길 좌우로는 육조를 비롯한 관청 건물들이 빼곡히 들어서 있었지.

그러니 광화문 광장의 옛 모습을 상상하며 걸으려면 예습이 좀 필요해. 인터넷을 뒤져서 옛날 사진을 보고 가도 좋고, 이 책에 실린 그림과 비교하는 것도 좋아. 걸어서 10분쯤 걸리는 '서울역사박물관'에 먼저 들렀다 오는 것도 괜찮지. 거기에 조선 시대 광화문과 육조 거리를 그대로 재현해 놓은 훌륭한 모형이 있거든. 육조 거리 어디에 무슨 관청이 있고, 그 관청은 어떤 일을 하는지까지 자세하게 설명해 놓았어.

광화문 앞 해태 상

예습이 끝났다면 광화문 광장 탐험을 시작해 볼까? 늠름하게 서 있는 이순신 장군 동상은 기념사진 찍기에 좋은 장소야. 이순신 장군을 지나 세종 대왕 동상을 만나면 좌우를 둘러봐. 현재 KT 본사 건물과 미국 대사관이 있는 오른쪽에는 이조와 호조가 있었고, 세종문화회관이 있는 왼쪽에는 병조·형조·공조가 있었어. 광화문 광장 끝까지 갔다면 왼쪽을 한번 볼까? 정부 부서들이 모여 있는 '정부서울청사' 건물이 보이니? 조선 시대에는 그곳에 예조가 있었어. 이로써 육조의 위치를 모두 확인한 셈이군. 육조를 모두 지나면 드디어 조선 제일의 궁궐인 경복궁의 정문 광화문이야.

수업 시간에 이야기했듯 지금 보는 광화문은 2010년에 다시 지은 거야. 왜 다시 지었느냐고? 일제 강점기 때 일본이 이 자리에 조선 총독부 건물을 지으면서 광화문을 다른 곳으로 옮겨 버렸단다. 6·25 전쟁 때는 폭격을 맞아 불에 타 없어지고 말았어. 그런데 1968년에 복원하면서 원래 나무로 되어 있던 부분을 철근 콘크리트로 지었지 뭐야. 도로가 확장되면서 위치도 제자리를 찾지 못했고. 그러다 2010년에 이르러서야 겨우 제자리로 돌아왔고, 전통적인 목조 건축의 모습도 찾게 되었지. 자, 이로써 광화문 광장 탐험은 끝! 너무 짧아 아쉽다고? 그러면 광화문에서 시작하는 경복궁 답사를 해 보는 것은 어떨까?

이순신 장군 동상

:: 알아 두기 ::
가는 길 　　지하철 5호선 광화문역에서 바로 연결되어 있어.
관람 소요 시간 　약 30분.
휴관일 　　연중무휴, 24시간 개방.
추천 코스 　이순신 장군 동상에서 출발해 세종 대왕 동상을 지나 광화문까지 가면서 좌우를 살필 것.

2교시
혁명파 신진 사대부, 조선을 열다

> 로마가 하루아침에 만들어진 것이 아니듯, 조선 또한 하루아침에 문을 연 것은 아냐.
> 조선이 세워지기까지는 나라와 백성을 위했던 수많은 사람들의 땀과 피, 눈물이
> 있었지. 오늘은 고려 말의 혼란에서 조선의 건국으로 숨 가쁘게 이어지는 역사를
> 살펴보기로 하자.

　여기는 국립중앙박물관이야. 통로에 있는 높은 탑은 '경천사지 십층석탑'으로 고려 말기에 만들어진 탑이야. 이렇게 멋진 탑을 만들 정도로 나라가 평화로웠던 것일까? 사실은 그 반대야. 고려 말기는 혼란이 거듭되던 시기였단다. 그 혼란 때문에 조선이라는 나라가 태어난 거고. 그러니 조선을 알기 위해서는 고려 말의 혼란을 먼저 알아야 해. 그래서 오늘은 국립중앙박물관 고려실을 둘러볼 거야. 그럼 수업을 시작하기 전에 멋진 시조 한 수를 읊어 볼까?

　　이 몸이 죽고 죽어 일백 번 고쳐 죽어
　　백골이 진토 되어 넋이라도 있고 없고
　　임 향한 일편단심이야 가실 줄이 있으랴.

이 시조의 제목은 「단심가」. 단심은 일편단심(一片丹心) 할 때의 단심이야. 한결같은 마음을 뜻하는 말이지. 죽어서 뼈가 하얗게 되고, 그마저 티끌(진토)이 되어 버려도 한결같은 마음이라니. 진짜로 굳은 의지를 보여 주는 시조로구나. 그런데 이 「단심가」는 어떤 시조에 대한 답가였어. 그 시조가 바로 「하여가」야.

이런들 어떠하리, 저런들 어떠하리
만수산 드렁칡이 얽혀진들 그 어떠하리
우리도 이같이 얽혀서 백 년까지 누리리라.

여기서 '드렁'이란 '두렁'의 평안도 사투리야. 논두렁, 밭두렁 할 때의 두렁이지. 논이나 밭 가장자리에 흙을 두둑하게 올려 쌓은 부분을 말해. 거기에 자라는 칡이 드렁칡인데, 이게 아주 이리저리 얽히면서 자란다는구나. 그러니 이 시조에는 '이렇게 살면 어떻고 저렇게 살면 어떤가? 평생 잘 먹고 잘 살면 그만이지.' 하는 의미가 담겨 있어.

「하여가」를 지은 사람은 조선을 세운 이성계의 다섯째 아들 이방원. 아버지를 도와 조선을 세우는 데 큰 공을 세웠지. 「단심가」로 화답한 사람은 고려의 마지막 충신 정몽주였어. 즉, 이방원은 「하여가」를 통해 정몽주에게 '고려에 충성할 필요가 뭐 있겠소? 조선 건국에 참여하면 평생 잘 먹고 잘 살게 될 거요.'라고 말한 거고, 정몽주는 「단심가」에서 '아니, 그게 무슨 소리요? 내 충성심은 죽어도

변함이 없소.'라고 말한 거지. 이건 정몽주의 목숨을 건 말이었어. 「단심가」를 들은 이방원은 더 이상 설득을 포기하고 부하들을 보내 정몽주를 죽여 버렸거든. 고려의 마지막 충신은 이렇게 죽고, 더불어 500년 가까이 지속된 고려의 역사도 최후를 맞게 되었지.

고려의 혼란, 동아시아의 혼란

국립중앙박물관 고려실 끄트머리에 눈에 띄는 그림이 하나 있네. 조금 전 살펴본 「단심가」의 주인공인 정몽주의 초상화야. 어때? 충신의 일편단심이 느껴지니?

정몽주가 이방원의 부하들에게 살해당한 곳은 개경의 선죽교라

정몽주

(말풍선) 호랑이는 죽어서 가죽을 남기고, 충신은 죽어서 이름을 남긴다.

는 돌다리인데, 거기에는 아직도 그날 흘린 핏자국이 남아 있대. 그게 어떻게 지금까지 남아 있느냐고? 물론 불가능하지. 아마도 사람들이 충신의 죽음을 안타깝게 생각해서 그런 이야기를 지어낸 것 같아.

정몽주의 초상화 옆에는 황산대첩비의 탁본이 있군. 비석에 종이를 붙이고 그 위에 먹을 묻힌 솜방망이를 가볍게 두드려 글자를 그대로 떠내는 것을 '탁본'이라고 불러. 황산대첩비는 이성계가 전라도 황산에서 왜구를 크게 물리친 일을 기념하려고 세운 비석이야. 함경도 지역의 장수였던 이성계는 백성들을 괴롭힌 왜구를 무찌르면서 전국적인 인기 스타로 떠오르게 된단다. 고려 말에는 왜구뿐 아니라 중국의 홍건적도 쳐들어왔어. 나라는 더욱 어수선해지고 백성들은 어려운 처지에 놓이게 되었지.

📖 고려 말, 나라 안팎이 혼란스러웠다. 안으로는 지배층의 횡포에 불만을 품은 세력이 등장하였고, 밖으로는 홍건적과 왜구가 침입하여 고려를 위협하였다.

그런데 홍건적이 누구냐고? 홍건적을 알려면 중국의 상황을 먼저 알아야 해. 당시 중국에서는 원나라가 멸망하고 명나라가 들어

섰어. 아시아와 유럽에 걸치는 대제국을 건설하고 고려까지 침략했던 원나라가 멸망하다니. 하지만 정확히 말하자면 원나라는 멸망한 것이 아니라 쫓겨난 거야. 새로 세워진 명나라에 의해 원래 자신들이 있던 몽골 땅으로 쫓겨나게 된 것이지. 그래도 중국 땅을 지배하던 원나라는 없어진 셈이니까 멸망했다고 볼 수도 있는 거야. 몽골은 중국 대륙을 지배하면서부터 '원'이라는 나라 이름을 쓴 것이니까.

아무튼 원나라는 몽골 땅으로 쫓겨났어. 물론 순순히 갔을 리가 없지. 원나라와 명나라 사이에는 치열한 전쟁이 벌어졌고, 중국 땅은 혼란에 빠지게 되었지. 이 와중에 등장한 것이 바로 홍건적이란다.

황산대첩비명 탁본

태조 이성계께서는 전라도 황산에서 우리 군사보다 열 배나 많은 왜구를 하루 만에 무찌르셨다.

홍건적은 몽골족이 세운 원나라에 반기를 든 중국 한족의 반란 세력이야. 머리에 붉은 수건을 둘렀기 때문에 '홍건적'(붉은 수건을 두른 도적)이라는 이름이 붙었지. 그런데 원나라에 쫓기게 된 홍건적의 무리 중 일부가 고려를 침략했어. 일부라고는 하지만 그 숫자가 수만, 때로는 수십만 명에 이르렀고, 한때 고려의 수도인 개경을 점령하기도 했어.

중국이 혼란에 빠지면서 홍건적이 등장했듯이, 이 시기에 왜구가 많아진 것도 당시 일본의 상황이 불안정했기 때문이야. 일본의 중앙 정부가 힘을 잃고 지방 세력들이 서로 싸움을 시작하면서 나라는 혼란에 빠지고 백성들은 굶주림에 시달렸어. 그래서 일부 일본인이 왜구가 되어 다른 나라를 노략질하게 된 거야. 이들은 고려에 침입하여 식량과 재물을 강제로 빼앗고 사람을 마구 죽이거나 잡아갔어.

홍건적과 왜구로 인해 고려뿐 아니라 동아시아 전체가 혼란에 빠져들었지. 이렇게 역사는 이웃 나라의 상황과 맞물리면서 흘러가게 된단다.

개혁이냐, 혁명이냐

홍건적과 왜구의 침략에 더해 귀족들의 횡포가 심해지면서 고려는 더욱 혼란스러워졌어. 어떤 횡포냐고? 귀족들이 농민들의 땅을 빼앗아 큰 농장을 만들었거든. 농민들이 피땀 흘려 일군 토지를 헐값에 사들이거나, 높은 이자를 물리는 고리대금업을 통해 빚 대신 땅을 가져가기도 했단다. 아예 처음부터 힘으로 빼앗기도 했어. 당시 기록을 보면 "귀족들의 땅은 산과 강을 경계로 삼는데, 농민들은 송곳 하나 꽂을 만큼의 땅도 없다."는 내용이 있을 정도야. 가뜩이나 홍건적과 왜구 때문에 살기 어려운데 귀족들까지 횡포를 부리니 백성들은 죽을 맛이었지. 토지를 빼앗긴 백성들은 귀족의 노비가 되기도 했거든.

이렇게 큰 농장을 갖고 있으면서도 귀족들은 세금 한 푼 안 냈으니 나라 살림도 어려워졌어. 이걸 바로잡고자 등장한 개혁 세력이 지난 시간에 얘기했던 신진 사대부들이야.

하지만 신진 사대부들이 모두 같은 생각을 가지고 있었던 건 아냐. 귀족들의 횡포를 바로잡아야 한다는 점에선 같았지만, 고려 왕조를 그대로 유지할 것이냐, 아니면 새로운 왕조가 이끄는 새 나라를 세울 것이냐 하는 점에선 둘로 갈렸지.

하나는 정몽주를 대표로 하는 온건파. 이들은 문제를 바로잡는 것은 당연하지만 고려의 신하로서 나라에 충성을 다해야 한다고 생각했어. 다른 하나는 정도전이 이끌던 혁명파. 이들은 문제를 제대로 해결하기 위해선 고려를 무너뜨리고 새로운 나라를 세워야 한다고 생각했어.

혁명파 신진 사대부를 대표했던 정도전은 지방의 향리 집안에서 태어났어. 어려서부터 총명해 독서와 학문을 좋아했고, 과거에 급제한 후에 중앙에 진출해서 정몽주 등 신진 사대부들과 함께 어울렸지. 정도전은 과거 급제 이전에도 정몽주와 잘 알고 지냈어. 이때까지만 해도 둘은 뜻이 잘 맞는 사이였지. 정도전은 귀족들의 횡포를 지적하면서 개혁을 주장해. 이로 인해 정도전은 당연히 귀족

백성들을 위하는 새로운 나라를 만들 것이다.

정도전 동상

충청북도 단양의 도담 삼봉

들의 미움을 샀고, 결국 귀양길에 오르게 되지.

몇 년간 귀양살이를 하다가 돌아온 정도전은 벼슬은커녕 먹고살 일조차 막막해졌어. 관직에 있을 때 친했던 친구들은 모두 등을 돌렸고, 정몽주를 비롯한 몇몇만 여전히 그를 챙겨 줬지.

정도전은 그 후 몇 년 동안 유랑 생활을 하다가 당시 함경도에 있던 이성계를 찾아가. 이성계가 대단한 장군이며 훌륭한 인물이라는 이야기를 정몽주한테 들었거든. 귀족들의 부정부패를 해결하기 위해선 신진 사대부만으로는 힘들고, 실질적으로 군대를 장악하고 있는 무장들의 힘이 필요했던 거야.

그렇게 만난 정도전과 이성계는 한눈에 서로를 알아보았어. 우리

가 힘을 합치면 혼란에 빠진 나라와 백성들을 구할 수 있겠다고 생각했던 거지. 그리고 그 생각은 마침내 새로운 나라를 세워야 한다는 결론에 이르렀어.

 **혁명은 뭐고, 역성혁명은 뭐야?**

혁명이 무슨 뜻인지 알고 있어? 1권에서 신석기 혁명을 설명하면서 알려 줬는데 기억하고 있니? '혁명'이란 이전의 관습이나 제도, 방식 따위를 단번에 깨뜨리고 새로운 것을 급격하게 세우는 일이야. 그럼 '역성혁명'은 뭘까? 한 왕조를 무너뜨리고 새로운 왕조를 세우는 일을 뜻해. '왕조의 성을 바꾸는 혁명'이라는 뜻이지. 왕조가 왕씨에서 이씨로 바뀌었으니 조선의 건국도 대표적인 역성혁명이야.

위화도 회군, 주사위는 던져졌다!

물론 이성계와 정도전이 만나서 바로 새 나라를 세우기 시작한 것은 아냐. 그때까지도 귀족들의 힘은 막강했고, 정몽주 같은 신진 사대부들은 여전히 고려에 충성을 다하고 있었거든. 그렇게 몇 년이 더 지나서 역사를 확 바꾸는 중요한 사건이 일어나. 그 시작은 명나라의 터무니없는 요구였어. 명나라가 철령 이북의 땅을 달라고 한 거야. 이곳은 원래 고려의 땅이었는데 원나라의 간섭을 받던 시절에는 원나라가 지배하던 땅이었어. 하지만 공민왕 때 원나라를 몰아내고 되찾은 땅이었지.

당시 권력을 잡고 있던 무신 최영은 명나라의 요구를 거절하는 것은 물론이고, 이번 기회에 명나라를 정벌해야 한다고 주장했어. 이 말을 들은 이성계는 '작은 나라가 큰 나라를 칠 수는 없다.'며 반대했고.

최영은 홍건적과 왜구 토벌에 큰 공을 세웠을 뿐 아니라 나이도 계급도 이성계보다 훨씬 위였지. 더구나 평소 훌륭한 인품으로 백성들의 존경을 받고 있었어. 하지만 최영은 '원나라를 따르는 사람'(친원파)이었어. 원래 원나라를 따르는 사람들은 부정부패 세력이 많았는데, 최영은 이들과는 달랐지. 공민왕을 도와 개혁을 뒷받침했지. 그런데 명나라보다 원나라를 더 좋아했던 최영은 마침 명나라가 말도 안 되는 요구를 해 오자 오히려 이번 기회에 명나라를 공격해야 한다고 주장했던 거지.

이성계의 입장은 달랐어. 그와 신진 사대부는 '명나라를 따르는

사람들'(친명파)이었거든. 명나라가 원나라를 북방으로 쫓아내고 중국 대륙을 지배한 큰 나라이기 때문에 명나라와 맞서 싸울 수는 없다고 생각했지. 하지만 결국 우왕과 최영은 명나라 땅인 요동 지역을 공격하라고 명령했고, 이성계는 따를 수밖에 없었어.

　이성계는 군대를 이끌고 압록강의 작은 섬인 위화도에 이르렀어. 하지만 이성계는 요동으로 진군하지 않고 군대의 방향을 돌려서 개경으로 돌아와. 이 사건을 '위화도 회군'(1388년)이라 부르는데, 이때 '회군'은 군대를 되돌린다는 뜻이야. 이성계가 최영과 고려 정부에 반기를 든 거지. 드디어 주사위가 던져진 거야.

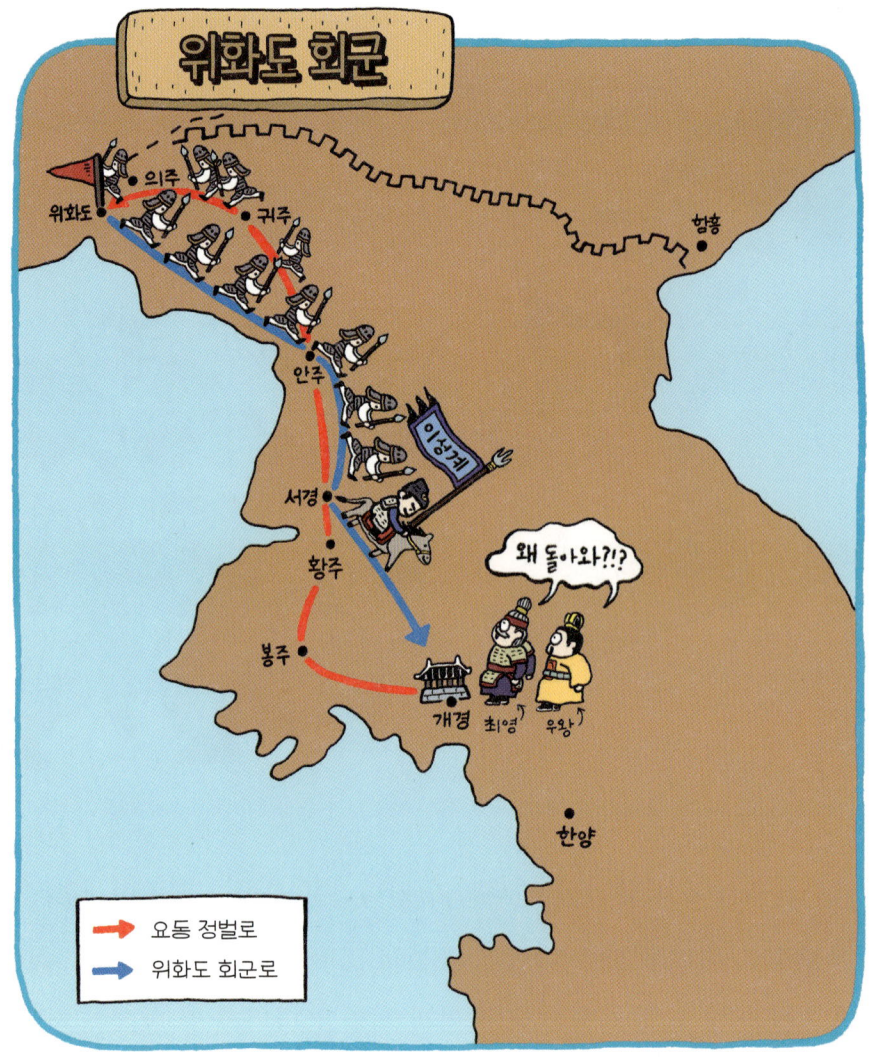

이성계의 목숨을 건 모험인 위화도 회군은 결국 성공했어. 개경으로 돌아온 이성계는 최영 세력을 몰아내고 정권을 잡았거든. 이성계와 신진 사대부는 공민왕의 자손인 우왕과 창왕을 내쫓고 자신들의 입맛에 맞는 공양왕을 새로 세웠지. 그리고 정부의 중요한 자리를 신진 사대부들이 차지하게 돼.

온건파와 혁명파, 최후의 결전

정치권력을 장악한 신진 사대부들은 새로운 토지 제도를 시행했어. 이 제도의 이름은 과전법. 과전법의 핵심은 귀족들이 불법적으로 갖고 있던 땅을 빼앗아 원래 주인에게 돌려주거나 나라의 땅으로 삼겠다는 거야. 그리고 관리들에게는 땅에서 생산되는 곡식을 세금으로 거둘 수 있는 권리를 주었지. 과전법이 시행되자 귀족들은 대농장을 잃고, 대부분 관리였던 신진 사대부들은 경제적 기반을 갖게 되었어. 이 과정에서 귀족들의 횡포가 사라지면서 농민들의 살림살이도 한결 나아지게 되었고.

이성계와 신진 사대부들이 정치에 이어 경제까지 손아귀에 넣었으니, 이제 새로운 나라가 생기는 것은 시간문제일까? 하지만 마지막 관문이 남아 있었어. 어제까지만 해도 고려 말의 혼란을 해결하기 위해 함께 싸웠던 신진 사대부 내부에서 갈등이 생기게 된 거야. 아까 이야기한 온건파와 혁명파의 갈등이었지. 온건파는 정몽주가, 혁명파는 이성계와 정도전이 이끌었어.

언뜻 보기에 무력을 갖춘 혁명파가 쉽게 온건파를 제거하고 새 나라를 세웠을 것도 같지만, 문제는 그렇게 간단하지 않았어. 500년 가까

태조 이성계

이 이어져 온 고려 왕조를 없애고 새 나라를 세운다는 것에 많은 사람들이 반감을 느꼈거든. 이런 여론을 바탕으로 정몽주 등은 이성계 일파를 계속 공격했지. 이성계가 사냥하다 말에서 떨어져 부상을 입은 틈을 노려 그를 제거하려고까지 했어. 이걸 눈치챈 이성계의 아들 이방원이 결국 정몽주를 죽인 거야. 하지만 이성계는 마지막까지 정몽주를 설득하려고 했대. 이성계는 아들 이방원이 정몽주를 죽인 것을 알고는 무척 화를 냈다고 전해져.

이제 새로운 나라로 가는 데 방해가 되었던 장애물들이 모두 없어진 셈이야. 드디어 이성계와 혁명파 신진 사대부들은 새 나라를 세우고 이름을 '조선'이라고 지었어. 다음 시간에는 새 나라 조선이 새로운 수도에서 초기의 혼란을 극복하는 과정을 살펴보기로 하자.

다음은 고려 말의 인물과 그의 주장을 연결한 것이다. 틀린 것은?

① 최영: 명나라가 우리 땅을 달라고 해? 우리가 먼저 명나라를 친다!
② 이성계: 요동 정벌? 충분히 가능성이 있는 게임이야!
③ 정몽주: 아무리 고려가 썩었다지만 새로운 나라를 세운다는 건 반대야!
④ 이방원: 정몽주가 아무리 아버지의 친구라 해도 방해가 되면 죽인다!

정답 | ②번. 이성계는 요동 정벌에 반대했지.

교과서에 안 나오는 이야기

가상 인터뷰! 조선 건국의 숨은 주역, 정도전

새 왕조 조선을 열고 첫 임금이 된 이는 태조 이성계였지만, 그를 도와 나라를 세우고 궁궐을 짓고 법률을 만든 사람은 정도전이었어. 조선을 하나의 건물로 비유한다면 설계뿐 아니라 건축까지 모두 그가 맡아서 했다고 볼 수 있지. 조선 건국의 숨은 주역, 정도전을 만나 이야기를 들어 보자.

먼저, 나라 이름을 조선이라고 지은 특별한 이유가 있나요?

원래 단군이 세운 우리 민족의 첫 나라 이름이 조선이었습니다. 후대에 위만이 다스린 조선과 구별하기 위해 고조선이라 불렀지요. 고조선의 정통성을 잇는 국가임을 강조하기 위해 새 나라 이름을 조선이라고 지었습니다.

사실 많은 사람들이 개혁에는 찬성했지만 새 나라를 세우는 것에는 반대했는데요, 굳이 역성혁명을 일으킨 이유가 뭐죠?

저 또한 고려라는 테두리 안에서 문제를 해결하기 위해 많은 노력을 했습니다. 하지만 고려를 그대로 유지하면서 귀족들의 기득권을 없애는 것은 불가능했습니다. 나라의 주인은 백성입니다. 어려움에 빠진 백성들을 구하기 위해 새 나라가 필요하다면 새 나라를 세우는 것이 백성을 이끄는 지도자의 도리입니다.

조선 건국에 성공했습니다. 앞으로의 계획은 어떻습니까?

이제 시작에 불과합니다. 우선 새로운 도읍지를 정하고 궁궐을 지어야 합니다. 현재까지는 한양이 가장 유력합니다. 저는 한양을 유교에 바탕을 둔 계획도시로 만들 생각입니다. 궁궐과 관청, 시장과 거주지까지 유교적 이상에 따라 지을 겁니다.

 역사 현장 답사

조선의 종묘에서 고려 공민왕을 만나다

종묘 정전

> 가운데 짙은색 길이 죽은 이의 혼이 다니는 '신도'야.

　'전하, 종묘사직을 보존하시옵소서!' 사극에 등장하는 신하들의 단골 대사야. 바로 거기에 나오는 종묘는 조선 역대 국왕들의 혼을 모신 곳이야. 조선의 국왕이 죽으면 몸은 왕릉으로, 혼은 종묘로 가거든. 종묘는 조선의 건축물 중 가장 장엄하고 신성한 공간이지. 유네스코로부터 그 가치를 인정받아 세계 문화유산으로 지정된 곳이기도 해.

　조선 왕조 500년을 지배했던 유교의 최대 덕목은 '효'. 그러니 조상의 신주(죽은 사람의 이름을 적은 나무패)는 '신줏단지 모시듯' 해야 했고, 왕의 신주를 모신 종묘는 궁궐보다도 훨씬 중요한 건축물이었어. 태조 이성계가 본인이 살 궁궐보다 먼저 지은 것이 바로 종묘요, 임진왜란이 일어났을 때 선조가 가장 먼저 챙긴 것이 바로 종묘에 모셔 놓은 신주였지. 덕분에 현재 종묘에 모셔진 신주들은 모두 '진품'이라고 해.

　그런데 종묘에는 고려와 조선을 이어 주는 유물도 있어. 종묘의 입구에 있는 고려 공민왕 신당이 바로 그것이지. 어째서 고려 공민왕의 신당이 조선의 가장 중요한 건물인 종묘에 있는 걸까? 여기에는 신기한 이야기가 하나 전해 내려와.

종묘 제례

태조가 처음 종묘를 지을 때, 갑자기 돌풍이 불더니 그림 하나가 떨어지더래. 그게 바로 공민왕과 공민왕의 왕비인 노국 공주의 영정이었어. 그래서 논의 끝에 이곳에 공민왕 신당을 만들었다는구나. 굳이 공민왕의 영정을 이곳에 모시고 신당을 지은 것은, 조선이 고려의 정통성을 잇는 국가임을 백성들에게 알리고 싶었기 때문은 아니었을까?

종묘를 제대로 보기 위해서는 왕이 제사를 지냈던 길을 따라가 보는 것이 좋아. 종묘의 돌길을 잘 보면 가운데 길이 더 높다는 것을 알 수 있어. 이곳을 '신도'라고 하는데 죽은 이의 영혼이 다니는 길이라 하여 살아 있는 사람은 함부로 다닐 수 없었대. 공민왕 신당에서 나와 길을 따라가다 보면 오른편에 재궁이 나와. 이곳은 임금과 세자가 함께 목욕재계하고 제사를 준비하던 곳이야. 재궁 옆에는 종묘의 중심 건물인 정전이 있는데, 이곳에 역대 왕들의 신주가 모셔져 있어. 건물이 100미터 넘게 쭉 뻗어 있는 모습에서 위엄이 느껴지지.

해마다 5월 첫째 주 일요일에는 이곳에서 종묘 제례가 열려. 기왕이면 이때 방문해 조선 유교 문화의 정수를 맛보는 것은 어떨까?

:: 알아 두기 ::
가는 길 지하철 1, 3, 5호선 종로3가역에서 걸어서 5분이면 도착!
관람 소요 시간 약 1시간.
휴관일 매주 화요일.
추천 코스 문화재 해설사의 안내를 받으며 이동하면 돼. 자유롭게 관람한다면 공민왕 신당을 먼저 본 뒤 재궁, 전사청, 정전, 영녕전 순서로 둘러보자.

3교시
600년 전 서울로 떠나는 시간 여행

서울역사박물관

수선 전도(한양 지도)

> 지난 시간에 이야기했듯, 조선을 세운 세력이 가장 먼저 한 일은 새로운 도읍을 정한 일이야. 그래야 새로운 환경과 분위기 속에서 새 나라 건설에 최선을 다할 수 있으니까. 이번 시간에는 새 나라 조선의 새 도읍, 600여 년 전 한양의 모습을 살펴보기로 할까?

조선의 새로운 수도를 한양으로 정했던 사람들이 지금의 서울을 본다면 무슨 말을 할까? 아마 놀라움에 떡 벌어진 입을 다물지 못할 거야. 하지만 요즘 서울의 무질서한 모습에는 머리를 절레절레 흔들 수도 있어. 그들이 만들었던 조선의 수도 한양은 유교적인 질서를 갖춘 모습이었거든. 그럼 그 옛날 한양의 모습은 어땠냐고? 그걸 알아보기 위해서 서울 종로에 자리 잡은 서울역사박물관에 왔어. 여기서는 600여 년 전 조선의 수도 한양으로 시간 여행을 떠날 수 있거든.

옛날 한양으로의 시간 여행은 서울역사박물관 안으로 들어가기도 전에 시작돼. 조선 최고의 지리학자이자 지도 제작자인 김정호가 만든 「수선 전도」가 박물관 마당 보도블록 위에 컬러로 새겨져 있거든. '수선'이란 한양의 다른 이름이고 '전도'는 전체를 그린 지도라는 뜻이야. 그러니 「수선 전도」란 한양의 전체 지도라는 뜻이지. 조선 시대 때 한양을 표현한 지도가 여럿이지만 정확성과 정밀

함, 아름다움 등으로 따졌을 때 「수선 전도」가 가장 뛰어나대. 이 지도에서 중요한 곳을 골라 아래에 그림을 그려 놓았어. 지금의 서울과 비교하면서 궁궐과 거리의 위치를 확인해 봐.

창덕궁
창경궁
종묘
성균관
청계천
흥인지문
남촌

유교로 디자인한 도시

지도 보기를 마쳤다면 옛 한양의 모습에 대해 본격적으로 알아보자고.

이성계를 도와 조선 건국에 결정적 역할을 한 정도전은 새로운 도읍지인 한양의 건설에도 중요한 역할을 하였다. 그는 유교 정신에 따라 나라를 다스려야 한다고 주장하면서 유교의 정신을 담아 경복궁, 종묘, 사직단 등의 위치와 이름을 정하였다. 이어서 도성 둘레에 성곽을 쌓고 성벽의 동서남북에 사대문을 만들었다.

정도전이 한양을 건설하면서 참고했던 중요한 책이 서울역사박물관에 있어. 중국 주나라의 예법을 기록한 『주례』라는 책인데, 여기에는 유교 이념을 바탕으로 설계된 수도의 모습이 그림과 함께 잘 설명되어 있지.

『주례』왼쪽 페이지 그림을 보면 가운데 부분에 '왕궁(王宮)'이라고 쓰여 있어. 그 양옆으로는 '좌조(左祖)'와 '우사(右社)'라고 쓰여 있고. 왕궁은 궁궐을 가리키는 것이고, 좌조에서 '조'는 할아버지, 우사에서 '사'는 토지 신을 뜻하는 말이야. 그러니 가운데 궁궐을 중심으로 왼쪽에는 조상을 모시고, 오른쪽에는 토지 신을 모시라는 의미지. 그럼 여기서 46쪽의 지도를 다시 보자. 가운데 경복궁을 중심으로 오른쪽에는 종묘가 있고, 왼쪽에는 사직단이 있지? 종묘는 지난 시간에 살펴본 대로 역대 왕들을 모셔 놓은 사당이고, 사직단은 토지 신과 곡식의 신에게 제사를 지내던 곳이야. 그러니 한양은 『주례』에서 설명한 유교 이념대로 계획된 수도인 거지.

그런데 좌우가 바뀐 것 아니냐고? 그렇지 않아. 옛 지도는 보는 사람 중심이 아니라 임금을 중심으로 모든 방위를 나타냈거든. 궁궐에 계신 임금님은 늘 남쪽을 향해 있으니까 지도를 보는 우리랑은 좌우가 바뀌게 돼. 그러니 우리가 보기에 오른쪽에 있는 종묘는 임금님 입장에선 왼쪽에 있는 거야. 좀 헷갈린다고? 그럼 외워. 옛 지도를 볼 때는 '동서남북은 그대로, 좌우는 반대로!'라고.

이렇듯 궁궐과 종묘, 사직단 등의 위치를 유교식으로 정했을 뿐

주례

아니라 그 이름도 유교의 가르침에서 따왔어. 도성의 동서남북에 만든 사대문의 이름도 유교에서 말하는 다섯 가지 기본 덕목에서 따온 거야. 유교에서는 사람이라면 '인(仁, 인자함), 의(義, 의로움), 예(禮, 예의), 지(智, 지혜), 신(信, 믿음)'을 갖고 있어야 한다고 말하거든.

46쪽의 한양 지도를 다시 봐. 사대문의 이름이 어떻게 나와 있니? 동쪽에는 흥인지문, 서쪽에는 돈의문, 남쪽에는 숭례문, 그리고 북쪽에는 숙정문이 있어. 그렇다면 인의예……, 어라? 숙정문에는 '지'자가 없잖아? 원래 정도전이 지은 북대문의 이름은 '소지문'이었는데, 나중에 숙정문이 되었다는구나. 그렇다면 '신'은? 인의예지를 동서남북에 한 글자씩 쓰고 나서 '신'은 사대문의 중앙에 있는 보신각에 넣었지. 해마다 연말이면 서른세 번 종을 치는 보신각종이 있는 바로 그 보신각 말이야.

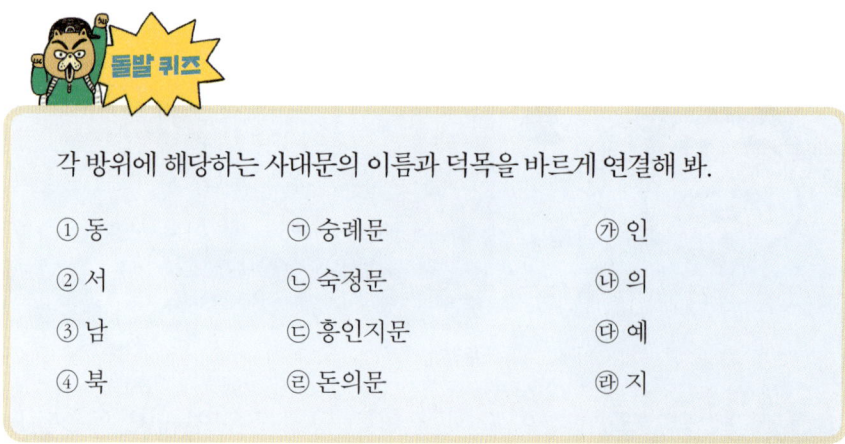

각 방위에 해당하는 사대문의 이름과 덕목을 바르게 연결해 봐.

① 동   ㉠ 숭례문   ㉮ 인
② 서   ㉡ 숙정문   ㉯ 의
③ 남   ㉢ 흥인지문   ㉰ 예
④ 북   ㉣ 돈의문   ㉱ 지

정답 | ①-㉢-㉮, ②-㉣-㉯, ③-㉠-㉰, ④-㉡-㉱

조선의 궁궐이 다섯 개인 까닭

다음은 한양에서 가장 중요한 건물, 임금님이 머물렀던 궁궐을 살펴보자. 앞서 본 지도에는 모두 몇 개의 궁궐이 나와 있니? 경복궁과 창덕궁, 창경궁, 경희궁까지 모두 네 개네. 하지만 조선 시대 궁궐은 모두 다섯 개였어. 무엇이 빠졌을까? 바로 덕수궁이야. 경희궁 오른쪽 아래에 '경운궁'이라는 궁궐이 있었는데, 경운궁이 바로 덕수궁의 원래 이름이야.

그런데 조선의 궁궐이 다섯 개씩이나 있었던 이유는 무엇일까? 조선의 왕들이 궁궐 짓는 것을 좋아해서? 궁궐을 여럿 지어 놓고 계절마다, 혹은 해마다 마음 내키는 대로 옮겨 살려고? 그렇다면 모든 궁궐이 한양에 모여 있을 이유가 없잖아. 조선 시대 궁궐이 다섯 개인 것은 필요에 따라 하나씩 짓다 보니 그렇게 된 거야.

제일 먼저 지은 궁궐은 정도전이 이름을 붙인 경복궁이지. 다음으로 지은 것이 창덕궁이야. 만약 경복궁에 불이 난다든지 무슨 일이 생기면 왕이 당장 옮겨 갈 궁궐이 필요했거든. 이렇게 두 개의 궁궐을 만들고 나니, 더 이상 궁궐은 필요 없어 보였지. 그런데 조선의 왕들은 경복궁보다 창덕궁에 머무는 것을 더 좋아했어. 이유는 정확히 나와 있지 않아. 아마도 창덕궁이 더 아름답기 때문인지도 몰라. 다섯 개의 궁궐 중에서 유네스코 세계 문화유산으로 등록된 것은 창덕궁이 유일하거든.

하여간 창덕궁에서 오래 머물다 보니, 궁궐 식구들이 점점 불어나게 된 거야. 그래서 창덕궁 바로 옆에 창경궁을 지어서 왕족들을 머물게 했지. 이렇듯 창경궁은 창덕궁의 '보조 궁궐'로서의 성격이 강했어. 조선 시대에는 창덕궁과 창경궁을 합쳐 서울의 동쪽에 있다고 해서 '동궐'이라고 불렸지. 서울역사박물관 전시실에는 벽 하나 가득히 「동궐도」라는 그림이 붙어 있어. 창덕궁과 창경궁을 세밀하게 묘사해 놓은 조선 시대 작품이야. 이 그림을 보면 창덕궁과 창경궁이 하나의 궁궐이었다는 사실을 분명히 알 수 있지.

자, 이 정도면 궁궐이 충분하지 않을까? 하지만 아쉽게도 임진왜란 때 경복궁과 창덕궁, 창경궁이 몽땅 불에 타 버리는 바람에 새로 궁궐을 지어야 했어. 조선의 왕들이 주로 머물렀던 창덕궁부터 복

동궐도

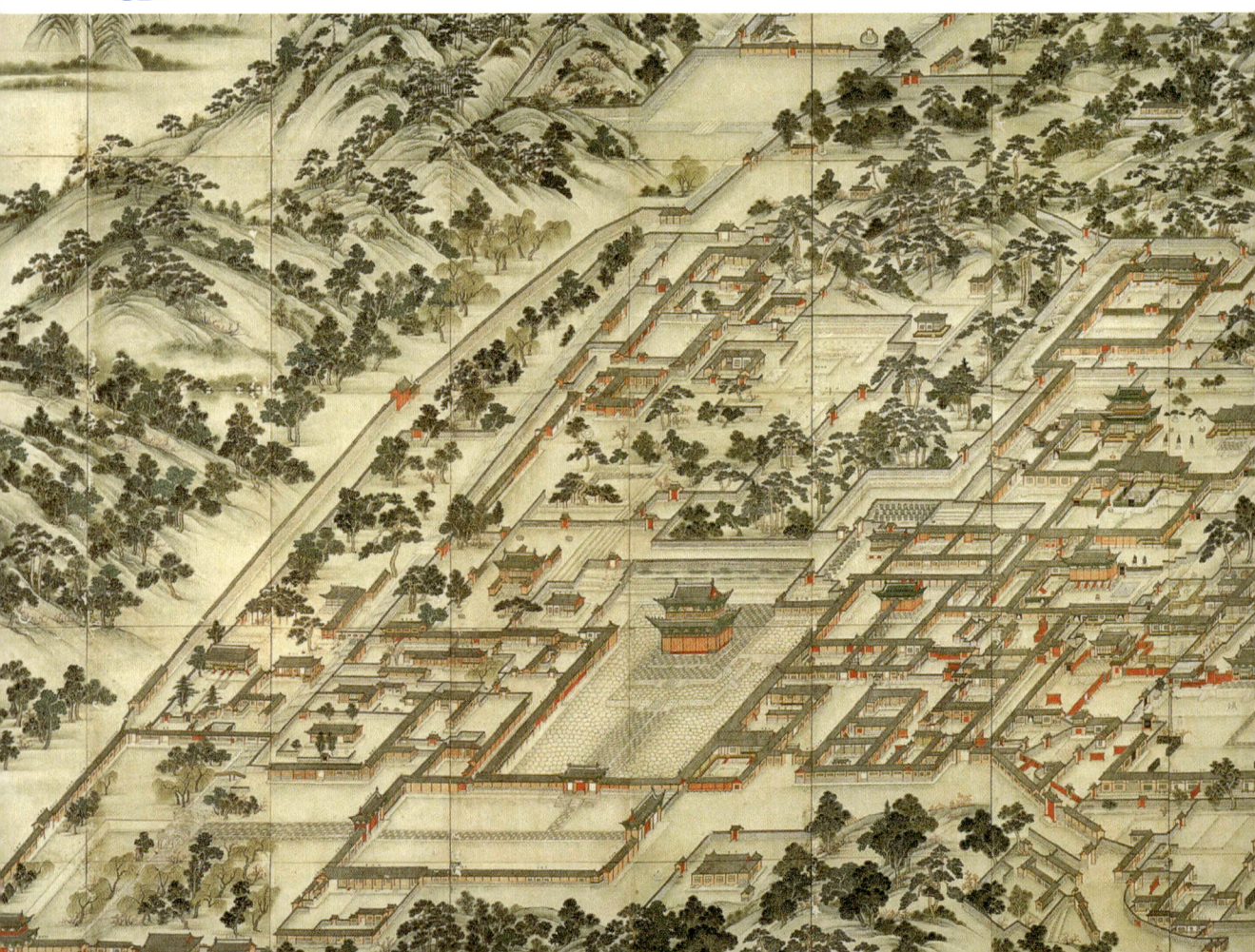

원하기 시작했지. 하지만 창덕궁을 다시 지을 동안에 왕이 머물 곳이 필요하잖아? 그래서 세워진 것이 경운궁(덕수궁)이야. 여긴 원래 궁궐이 아니라 왕족의 집이었는데 왕이 임시로 머물면서 궁궐이 된 거지. 이렇게 조선의 궁궐은 자연스럽게 네 개로 늘어났어.

마지막 궁궐인 경희궁은 임진왜란 이후 왕위에 오른 광해군이 이곳에 왕의 기운이 있다는 이야기를 듣고 지은 궁궐이야. 왕이 이미 있는데 다른 곳에 왕의 기운이 있다는 건 곧 반란을 의미하는 것이니까, 반란을 막기 위해 그 자리에 궁궐을 지어 버렸지. 이렇게 해서 조선의 궁궐은 모두 다섯 개가 된 거야.

왼쪽이 창덕궁, 오른쪽이 창경궁이야.

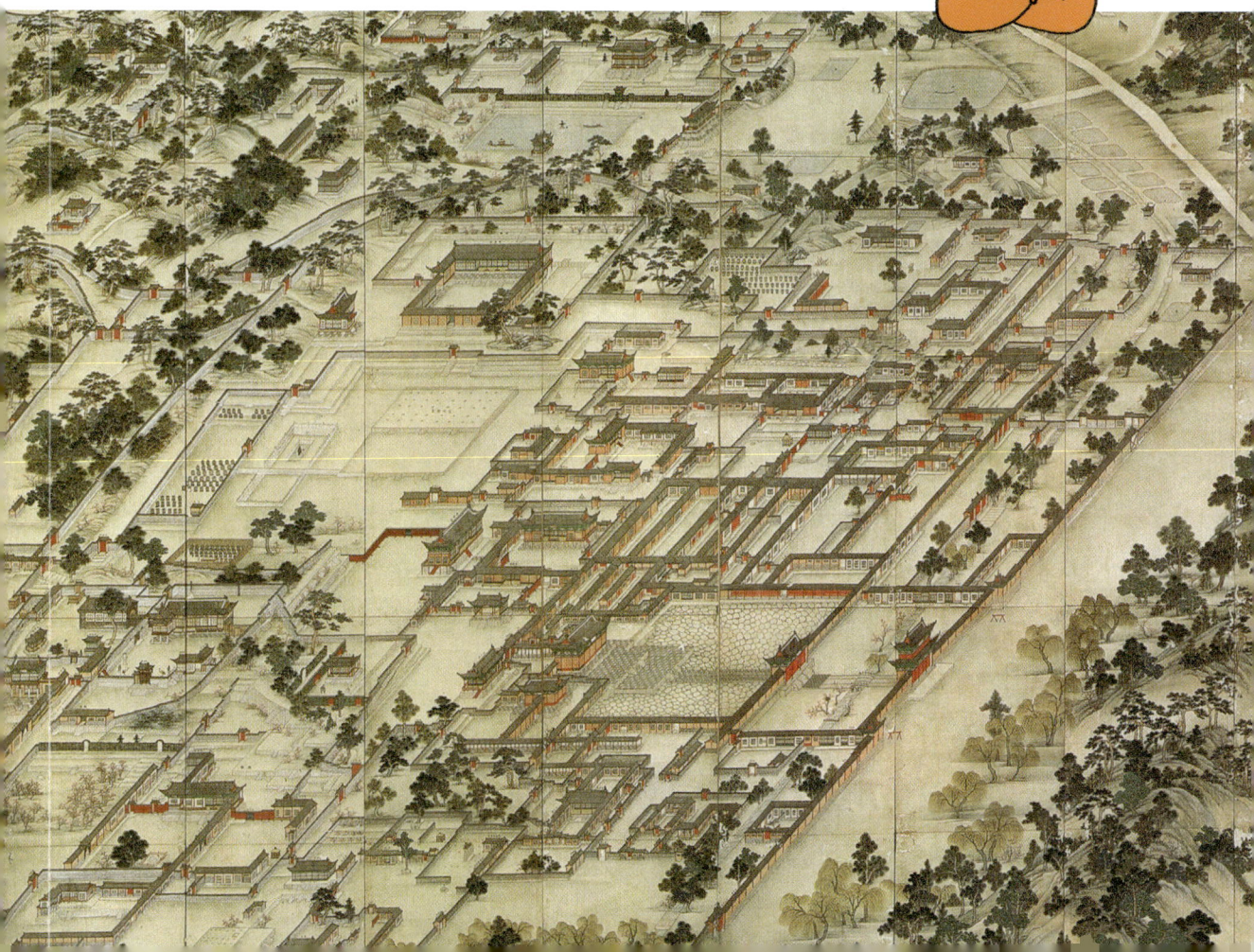

조선 시대 한양에도 강남과 강북이 있었다?

다시 46쪽의 그림 지도를 살펴볼까? 경복궁의 정문인 광화문 앞쪽 큰길에는 관청이 들어섰어. 이 길을 육조 거리라고 부른다고 했지. 서울역사박물관에는 바로 이 육조 거리를 재현한 정교한 모형이 있어. 널따란 길 끝에는 경복궁이 있고 좌우로는 육조 관청들이 빼곡히 들어서 있네. 뒤편에는 해당 기관에 대한 꼼꼼한 설명까지 붙어 있으니 읽어 보면 좋아.

육조 거리 아래에는 큰길을 따라 상점이 들어섰는데 이 길을 '운종가'라고 불렀어. 운종가의 위치 역시 46쪽의 지도에서 확인해 보자. 육조 거리가 끝나는 지점에서 직각으로 꺾이는 길이 보이지?

육조 거리 모형

거기서부터 동쪽으로 쭉 뻗은 길이 바로 운종가야. 구름 운(雲), 따를 종(從), 거리 가(街). 글자 그대로 사람들이 구름처럼 몰려드는 거리라는 뜻이야. 그런데 왜 이곳에 사람들이 구름처럼 몰려들었을까? 여기가 조선 제일의 쇼핑 거리였거든. 이곳에는 지금의 명동 부럽지 않을 만큼의 상점들이 줄지어 들어서 있었어. 지나가는 사람을 가게로 잡아끄는 전문 호객꾼도 있었다는구나.

박물관 전시실에는 운종가의 모습을 실물 크기로 재현해 놓았어. 어디, 운종가의 상점들을 한번 살펴볼까? 품질 좋은 쌀을 팔았던 '상미전', 중국에서 수입한 비단을 판매했던 '선전', 술을 만드는 누룩을 팔았던 '은국전', 건어물을 취급했던 '어물전', 우산

운종가 상점 모형

운종가의 갓이 조선 최고의 갓이오!

을 팔았던 '우산전' 등이 옛 모습 그대로 펼쳐져 있네.

운종가의 상점들은 궁궐에서 필요한 상품들을 공급했기에 나라로부터 해당 물품에 대한 독점 판매권을 얻을 수 있었지. 독점 판매권이 뭐냐고? 어떤 물건을 팔 수 있는 권리를 혼자만 차지하는 것을 말해. 그래서 이러한 상점들이 모인 운종가는 자연스럽게 조선 최대의 상점가가 되었던 거야.

다시 46쪽의 지도를 볼까? 운종가 바로 아래 청계천이 보이지? 요즘에는 강북과 강남이 한강을 중심으로 나뉘지만 조선 시대에는 청계천을 중심으로 강북과 강남이 나뉘었어. 청계천은 한양의 가운데를 동서로 가로지르거든. 그리고 요즘 강남과 강북이 다르듯 조선 시대의 강남과 강북도 달랐단다. 물론 그때는 요즘처럼 강남, 강북이라고 불리진 않았어. 그 대신 청계천 북쪽을 북촌, 남쪽을 남촌, 중간을 중촌이라 불렀지. 그리고 지역마다 다른 사람들이 모여 살면서 다른 분위기의 마을을 만들었단다.

궁궐과 육조 거리에서 가까운 북촌에는 고위 관리들이 많이 살았어. 차가 있는 것도 아니었으니 아무래도 궁궐로 출퇴근하기 편한 곳에 무리 지어 살았기 때문이지. 남촌은 남산 아랫마을이야. 여기에는 작은 관청이나 군대가 자리 잡고 있었지. 그러니까 고위 관리 대신 중하위 관리들, 혹은 아직 벼슬길에

우리는 북촌 스타일~

오르지 못한 선비들이 살았다는구나. 남촌과 북촌 사이에 있던 중촌은 이름처럼 중인들이 살던 곳이었어. 중인이란 양반과 상민의 중간 계층으로 통역을 담당하는 역관, 병을 고치는 의관, 법률가인 율관 등을 말하지. 요즘으로 치면 전문직 종사자들이야. 서울역사박물관에는 북촌과 남촌, 중촌의 모습을 당시 유물과 함께 재현해 놓았으니 잘 살펴보렴.

정도전의 그림을 완성한 이방원

지금까지 정도전이 설계한 한양의 모습을 살펴보았어. 궁궐과 종묘, 사직단을 짓고, 사대문을 만들고 그 이름을 붙이기까지. 한양 구석구석에 정도전의 손길이 안 간 곳이 드물어. 이렇듯 정도전이 유교에 입각해 조선의 밑그림을 그렸다면 실제로 그걸 완성한 사람은 이방원이야. 태조 이성계의 다섯째 아들이자, 정몽주를 죽임으로써 조선 건국에 뚜렷한 공을 세운 바로 그 이방원 말이야. 그리고 정도전에서 이방원으로 이어지는 과정을 이해하려면 '왕자의 난'이라는 사건을 알아야 해.

'왕자의 난'은 '왕자가 일으킨 난'이기도 하고 '왕자들끼리 서로 싸운 난'이기도 하단다. 태조 이성계는 말년에 두 번째 왕비에게서 난 어린 아들을 자신의 후계자로 세워. 당연히 이방원을 비롯한 첫 왕비의 아들들이 반발했지. 이때 정도전은 어린 왕자의 편을 들었어. 아무래도 자신의 이상대로 조선을 만들기 위해서는 강력한 왕보다는 어리고 힘없는 왕이 편했기 때문이었지. 그러자 이방원은 아버지가 후계자로 정한 어린 이복동생을 죽이고 말아. 정도전 등 어린 왕자의 편을 들었던 신하들도 함께 제거하지. 이게 '1차 왕자의 난'(1398년)이야.

이 과정에서 이방원이 정권을 잡게 되었어. 그런데 이방원이 원래 몇째 아들이라 했지? 맞아, 다섯째. 그러니 형들이 그냥 보고만 있지 않았지. 그중에서도 바로 위의 형, 그러니까 태조의 넷째 아들이 병사들을 거느리고 이방원을 공격했어. 이게 바로 '2차 왕자의 난'(1400년)이야. 하지만 결국 여기서도 이방원이 승리하고, 그는 조선의 3대 왕으로 즉위하게 된단다.

왜 2대가 아니라 3대냐고? 동생을 죽이고 바로 왕위에 오르는 것이 부담스러워 일단 만만한 둘째 형에게 왕의 자리를 넘겼거든. 그러고 나서 2년 뒤에 왕위에 오르게 된 거야. 이렇게 즉위한 태종 이방원은 조선의 기틀을 확실히 다졌어. 태종이 어떻게 나라를 다스렸는지 알아볼까?

📖 이성계의 아들인 태종은 왕권을 강화하려고 노력하였다. 이를 위하여 왕족이나 신하들이 개인적으로 거느리고 있던 사병을 없앨 것을 명령하였다. 태종은 왕권이 안정되자 전국을 효과적으로 통치하기 위하여 전국을 8개의 도로 나누고 수령을 파견하였다. 지방에까지 왕의 힘이 미치고 세금이 효율적으로 걷히면서 왕권이 강해지고 조선 사회는 점차 안정되어 갔다.

태종의 뒤를 이은 세종은 이러한 바탕 위에서 문화와 과학을 발달시킬 수 있었어. 여기에 대해서는 다음 시간에 자세히 살펴보자꾸나.

 **우리는 닮은 꼴! 조선 태종 대 당나라 태종**

사람의 운명은 이름을 따라가는 것일까? 나라와 시대가 다른 두 명의 태종이 아주 비슷한 삶을 살았어. 조선의 태종과 중국 당나라의 태종이 그랬지. 당 태종도 조선의 태종처럼 맏이가 아니었어. 아버지가 새로운 왕조를 여는 데 일등 공신이었던 점도 같고, 형제를 죽이고 자신이 왕위를 차지한 것도 비슷하지. 왕위에 오른 후에는 새 왕조의 기틀을 다지는 훌륭한 업적을 남긴 것도 조선의 태종과 닮은 꼴이야.

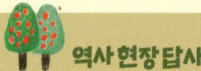 역사 현장 탐사

서울의 역사를 한눈에, 서울역사박물관

600년 수도 서울의 역사를 한자리에서 모두 볼 수 있는 곳! 서울역사박물관은 조선 시대의 서울, 개항·대한 제국기의 서울, 일제 강점기의 서울, 고도 성장기의 서울, 도시 모형 영상관 등 모두 다섯 개의 상설 전시관과 특별 전시관, 야외 전시장 등으로 나뉘어 있어. 첫 전시실이자 가장 눈길을 끄는 곳은 '조선 시대의 서울'이지. 그 시절 서울의 모습을 유물뿐 아니라 모형을 이용해 입체적으로 보여 주거든. 아까 수업 시간에 살펴본 육조 거리와 운종가, 남촌과 북촌 등을 한눈에 볼 수 있단다. 조선 시대 사람들이 곁에 두고 썼던 살림살이, 당시 사람들의 신분증인 호패 등도 전시되어 있어 옛사람들의 삶을 생생히 느낄 수 있지.

한양 사람의 신분증인 호패

조선 시대 북촌의 안방 모습

1930년대 서울 모습을 재현한 모형(왼쪽)과 도시 모형 영상관(오른쪽)

　이곳에서 시간 여행을 제대로 하려면 서울의 옛 모습을 지금의 모습과 비교할 수 있어야 해. 조선에서 가장 중요한 길이었던 육조 거리는 지금 어떤 모습인지, 수백 년째 자리를 지키고 있는 경복궁과 덕수궁은 그동안 어떤 변화를 겪어 왔는지 등에 대해서 말이지. 박물관에 가기 전에 미리 광화문 광장에 들렀다 가는 것도 좋고, 박물관을 보고 나서 광화문 광장 쪽으로 움직이는 것도 좋아.

　조선 시대 이후 나머지 전시관들은 옛날 조선이 지금의 모습으로 바뀌는 과정을 보여 주는 타임머신이야. 조선 말기 외국 세력이 들어오면서 전차 같은 근대 교통수단이 들어오고, 커피 같은 새로운 문물이 수입되는 과정을 사진과 모형 등을 통해 눈으로 확인할 수 있으니까.

　서울 시간 여행을 모두 마치고 마지막 전시실인 '도시 모형 영상관'에 들어서면 커다란 방 한가득 서울의 모습이 입체적으로 펼쳐져. 마치 헬리콥터를 타고 서울의 밤하늘을 비행하는 느낌이랄까? 한강을 사이에 두고 남북으로 나뉘는 서울의 야경이 한눈에 들어오지. 서울의 야경에 600년 역사가 켜켜이 쌓여 있다고 상상해 봐. 서울의 모습이 좀 다르게 다가오지 않을까?

:: 알아 두기 ::
가는 길　　지하철 5호선 광화문역에서 걸어서 10분.
관람 소요 시간　약 3시간.
휴관일　　매주 월요일, 1월 1일.
추천 코스　먼저 야외 전시장을 본 다음, 3층으로 올라가서 상설 전시실들을 둘러봐. 그리고 1층으로 내려와서 기획 전시실과 기증 전시실을 둘러볼 것!

1418년 — 세종이 왕위에 오르다

1420년 — 학문 연구를 위하여 집현전을 설치하다

1434년 — 김종서가 북방에 6진을 개척하다

1446년 — 훈민정음을 반포하다

1455년 — 세조가 단종을 끌어내리고 왕위에 오르다

1457년 — 단종이 영월로 유배된 뒤 죽임을 당하다

1470년 — 성종이 왕위에 오르다

1485년 — 조선의 기본 법전인 『경국대전』을 펴내다

2부

문화와 과학을 꽃피우다

4교시 | 조선의 새 기운, 한글로 꽃피다 _ 경복궁

5교시 | 과학에서 문화까지, 세종의 모든 것! _ 국립고궁박물관

6교시 | 법대로 하는 나라, 조선 _ 국립중앙박물관 조선실

4교시
조선의 새 기운, 한글로 꽃피다

경복궁

> 고려 말 혁명파와 온건파의 대립, 나라를 세우고 새 수도를 정하는 과정의 어수선함, 조선 초기 왕자의 난으로 나타난 혼란 등이 모두 정리되고 세종이 즉위했지. 세종은 행운아였던 셈이야. 안정된 나라에서 자신이 가지고 있던 재능을 남김없이 펼칠 수 있었거든. 이것은 백성들에게도 행운이 되었어.

안녕? 오늘은 하늘이 파랗네. 이런 날은 박물관 같은 실내가 아니라 야외에서 현장 수업을 해야 제맛이지. 그래서 오늘 여기 모인 거야. 조선 제일의 법궁, 경복궁! 법궁이 뭐냐고? 왕이 일상적으로 머무는 궁궐을 법궁이라고 해. 그럼 왕이 없는 궁궐도 있나? 물론이지. 지난 시간에 경복궁을 짓고 나서 창덕궁을 또 지은 이유를 설명했잖아? 경복궁에 혹시 무슨 일이 생기면 옮겨 갈 궁궐이 필요했다고. 임금님이 머무는 궁궐을 '법궁', 비상시에 옮겨 갈 궁궐을 '이궁'이라고 불렀어. 경복궁은 법궁 중에서도 으뜸이 되기 때문에 '조선 제일의 법궁'이라고 부르는 거야.

자, 경복궁의 정문인 광화문을 지나 안으로 들어가 볼까? 문이 또 하나 나오네? 이 문의 이름은 '흥례문'이야. 궁궐은 매우 중요한 곳이기 때문에 방어를 위해 많은 문들이 있는 거란다. 사실 '궁궐'이라는 이름도 여기서 나왔어. 원래 '궁'이란 왕과 그 가족들이 사는 큰 집을 말하고, '궐'이란 망루나 담처럼 궁을 지키는 방어 시설을 가리키는 말이거든. 이 둘을 합쳐 궁궐이라 부른 거지.

광화문과 흥례문 사이의 넓은 공간에서 이루어지는 수문장 교대식도 또 다른 볼거리야. 우리도 일부러 그 시간에 맞춰 온 거고. 저기 조선의 병사들이 나팔과 북을 연주하며 들어오는구나. 어때? 푸른 하늘을 배경으로 깃발을 들고 오는 병사들의 절도 있는 동작이 멋있지 않아? 수문장 교대식이 끝나면 조선 시대 병사들이랑 기념 촬영도 할 수 있다고.

흥례문

집현전에서 벌어진 독서 시합

흥례문을 지나니 무시무시한 동물들이 새겨진 다리가 나오네. 이 다리의 이름은 '영제교'야. 무서운 얼굴의 동물상은 '서수'고. 사악한 기운이 궁궐 안으로 들어오지 못하도록 다리를 지키고 있는 거란다. 다리를 건너니 다시 또 문. 궁궐에는 문이 정말 많기도 하다. 이 문을 지나면 경복궁의 중심 건물인 '근정전'이 나온단다. 근정전 앞에

영제교의 서수

돌이 깔린 넓은 마당이 보이지? 여기가 바로 '조정'이야. 사극에서 '조정 대신들' 하고 말할 때의 그 조정. 여기서 신하들이 모여서 조회를 했거든.

근정전은 국가의 공식적인 행사가 열리는 건물이야. 이곳에서 왕이 즉위를 하거나 사신을 맞이했지. 근정전이라는 이름도 정도전이 지었어. '부지런히 나라를 다스린다.'는 뜻이래. 근정전 너머로 파란 하늘 아래 멀리 북악산이 함께 보이니 더욱 멋지구나.

근정전 뒤로는 국왕과 대신들이 정사를 논의하던 사정전, 왕과 왕비의 생활 공간인 강녕전과 교태전 등이 쭉 이어지는데, 우리는 근정전 왼쪽으로 나 있는 문으로 나가야 해. 여기에 오늘 수업에서 가장 중요한 장소인 수정전이 있거든. 원래 이곳에는 집현전이 있었는데 나중에 수정전이라는 이름으로 바뀌었어. 집현전이라, 어디서 많이 들어 본 이름 같지 않니?

북악산과 근정전

📖 세종은 학문 연구를 위하여 집현전을 운영하였다. 세종은 젊은 학자들이 오랜 시간 동안 학문 연구에 몰두할 수 있도록 신분을 보장해 주었다. 집현전에 있는 학사들은 여러 가지 연구를 공동으로 수행하여 지도 제작, 도성의 보수, 금속 활자의 주조 등 큰 성과를 거두었다.

한마디로 세종 시대의 집현전은 조선의 문화 발달을 책임진 인재들이 모인 기관이었지. 이곳과 관련해 재미난 일화가 있어. 어느 날 밤, 세종이 집현전 앞을 지나는데 불이 켜져 있더래. 그래서 사람을 보내 누가 있나 알아봤더니, 신숙주라는 집현전 학사가 책을 읽고 있더라는 거야. 책 읽기라면 자다가도 벌떡 일어나던 책벌레 세종, 자신도 책을 읽기 시작했다는구나. 집현전이 아니라 자기 방에서. 왕이 옆에 있으면 감히 신숙주가 마음 편히 책을 못 읽을 테니까. 그 대신 신숙주가 잠이 들면 알리라고 집현전으로 사람을 보내 놓고 말이야. 이거 마치 책 읽기 시합이라도 하는 것 같지?

그렇게 한 시간, 두 시간, 세 시간……. 결국 새벽녘이 되어서 신숙주가 책을 읽다 책상 위에 그대로 엎드려 잠이 들고 말았대. 세종의 승리! 이 말을 들은 세종은 자신의 겉옷을 주면서 잠든 신숙주를 덮어 주라고 했지.

다음 날 깨어난 신숙주는 왕의 옷이 덮여 있는 것을 보고는 혼비백산했겠지? 깜짝 놀란 신숙주는 겨우 정신을 차리고 옷을 향해 절을 했다는구나.

책벌레 셋째 왕자, 조선의 왕이 되다

세종 대왕 훌륭한 거야 여러분도 모두 다 아는 사실일 테고……. 혹시 세종이 셋째 아들이었다는 것도 아니? 그 위로 형님 두 분이 계셨다는 사실 말이야. 큰형은 양녕 대군, 작은형은 효령 대군이었어. 세종은 충녕 대군이었고.

그런데 대군이 뭐냐고? 왕의 적자에게 붙는 호칭이야. 적자는 또 뭐냐고? 적자는 본처가 낳은 아들을 가리키는 말이지. 홍길동 알지? 홍길동이 '아버지를 아버지라 부르지 못한' 이유가 바로 첩이 낳은 아들, 즉 서자였기 때문이잖아.

자, 다시 세종 이야기로 돌아와 보자. 유교의 전통에 따라 당연히 맏아들인 양녕 대군이 세자가 되었어. 그런데 이분, 너무 자유로운 영혼이었대. 세자로서의 체통이나 규율보다는 자기가 편한 대로 행동하기를 즐겼거든. 이를 걱정하던 아버지 태종은 결국 양녕 대군 대신 충녕 대군을 세자로 삼았지. 어라? 순서상으로 둘째인 효령 대군에게 세자의 자리를 줘야 하는 것 아닌가? 효령 대군은 유교 대신 불교에 푹 빠져 있어서 눈 밖에 났어. 결국 효령 대군은 많은 절들을 지었다는구나.

충녕 대군은 어려서부터 책을 무척 좋아했어. 눈병이 날 정도로 책을 읽었지. 몸이 상할 정도로 책 읽기에 열중해서 이를 걱정한 태종이 책을 몽땅 치워 버리라고 명령할 정도였다는구나. 그래도 몰래 숨어서 책을 읽었다지 뭐야. 이 정도면 정말 둘도 없는 책벌레네. 그러니 나중에 신숙주가 집현전에서 늦도록 책을 읽고 있는 모

습을 보고, 자신도 책 읽기를 시작하면서 누가 늦게까지 읽나 혼자서 시합을 즐긴 것도 이해가 가는군.

사실 세종이 독서와 함께 평생 즐긴 것이 또 하나 있어. 바로 고기! 세종은 평생 동안 밥상에 고기가 빠지면 손을 안 댈 정도로 고기 마니아였대. 태종은 가끔 나라에 큰일이 생기면 궁궐 밥상에도 고기를 빼라 명했는데, 이때도 충녕 대군의 밥상은 늘 예외였다는구나. 하지만 이렇게 고기를 좋아하고 밤낮으로 독서에 열중하면서 운동을 게을리하면? 건강이 나쁠 수밖에! 실제로 세종은 '걸어 다니는 종합 병원'이라 불려도 좋을 만큼 수많은 질병을 앓았단다. 그러니 여러분은 너무 책만 보지 말고 뛰어노는 일에도 힘써야 해. 이미 충분히 힘쓰고 있다고? 그럼 지금보다 독서에 조금 더 힘을 써도 좋고…….

책벌레 셋째 왕자님이 드디어 조선의 왕이 되었어. 평소 갈고닦은 자신의 이상과 포부를 펼칠 수 있는 절호의 기회가 온 거야. 왕위에 오른 세종은 우선 인재를 가리지 않고 등용했어. 신분이 낮다고 능력 있는 사람을 버리지도 않았고, 평소 자신을 반대했다고 해서 미워하지도 않았어. 신하들의 반대에도 불구하고 노비 출신의 장영실을 뽑아 썼고, 자신이 왕이 되는 것을 끝까지 반대했던 황희를 정승으로 삼았지. 이러니 신하들이 정말 충성을 다하여 일할 수밖에.

이제 모든 것이 갖춰졌어. 태종의 노력으로 정치가 안정되었고, 어릴 때부터 독서를 통해 나라를 다스릴 실력을 쌓았던 세종이 즉위해서 신분이나 과거의 일을 문제 삼지 않고 인재를 골고루 등용했으니까. 이런 바탕에서 조선이 남긴 최고의 문화유산, 한글이 태어나게 된 거야.

백성들을 위해 만든 글자

'나랏말싸미 듕귁에 달아…….'

무슨 말이냐고? '우리나라 말과 글이 중국과 달라서'라는 뜻의 옛날 말투지. 세종이 한글을 처음 만들고 그걸 만들게 된 이유를 적어 놓은 글에 나오는 말이야. 그 뒤에 어떤 내용이 이어지는지 같이 살펴볼까?

> 우리나라 말과 글이 중국과 달라서 백성들이 한자로 서로 통하지 못한다. 이에 백성들이 말하고 싶은 바가 있어도 그 뜻을 펴지 못하는 이가 많다. 내가 이것을 딱하게 여겨 28자를 만들었으니 백성들이 쉽게 익혀 편리하게 사용할 수 있도록 하려고 한다.
>
> (『훈민정음 해례본』서문)

우아, 감동의 물결! 백성들을 위해서 글자를 만들다니. 세종이 아니었으면 우린 아직도 그 어려운 한자를 배우느라 낑낑대거나 우리말과는 어울리지도 않는 서양 알파벳을 쓰느라 고생했을 거야.

그러면 세종은 어떻게 한글을 만들었을까? 세종은 사람의 몸 중에서 소리를 내는 기관과 하늘, 땅, 사람의 모양을 본떠 자음 17자와 모음 11자, 총 28자를 만들었어.

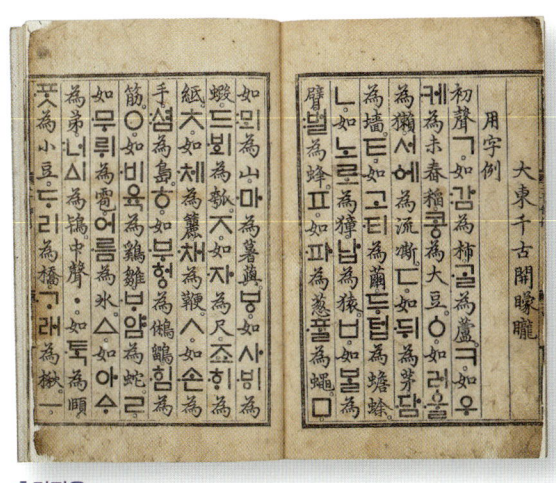

훈민정음

4교시 조선의 새 기운, 한글로 꽃피다

조금 더 자세히 설명해 볼까? ㄱ, ㄴ, ㄷ 등은 자음이라 부르고 ㅏ, ㅑ, ㅓ 같은 것을 모음이라고 해. 자음 중에서 ㄱ은 혀가 목구멍을 막는 모양, ㄴ은 혀가 입천장에 붙은 모양, ㅁ은 입 모양, ㅅ은 이의 모양을 따라 만든 거야. 나머지 자음들도 이런 식으로 소리 내는 기관들을 본떠 만들었지. 모음 중 ㅡ는 평평한 땅을, ㅣ는 사람의 형상을 본떠 만들었어. 이렇게 만든 자음과 모음을 합쳐 글자를 만드니 누구나 쉽고 편리하게 다양한 소리를 표현할 수 있는 거야. 지금도 전 세계의 언어학자들은 한글만큼 과학적이고 합리적인 글자는 찾아보기 힘들다고 말하고 있어.

처음 한글을 만들고 세종은 '훈민정음'이라는 이름을 붙였어. '백성을 가르치는 바른 소리'라는 뜻이지. '한글'은 일제 강점기의 대표적인 국어학자였던 주시경이 지은 순우리말 이름이고. 조선 시대에는 한글을 '언문'이라고도 했어. 이건 조선 시대 양반들이 '천한 글'이라며 한글을 업신여기며 부른 이름이야. 양반들은 한글을 아주 싫어했고 한 발 더 나아가 아예 세종이 한글을 반포하는 것 자체를 반대했지. '반포'는 세상에 널리 퍼뜨려 모두 알게 하는 거야. 도대체 양반들은 왜 이걸 반대했을까?

훈민정음 결사반대!

훈민정음 반포를 반대한 최만리의 상소문을 읽어 볼까? 최만리는 한글을 반대한 양반 중에서도 대표적인 인물이야. 상소문이란 양반들이 나랏일에 대해 왕에게 자신의 생각을 올리는 글이지.

상소문

최만리

전하께 감히 말씀 올립니다.

이번에 전하께서 훈민정음을 만들어 백성들에게 널리 사용하게 하신 일은 다음 몇 가지 이유에서 다시 생각해 보셔야 한다고 생각합니다.

첫째, 우리 조선은 예로부터 중국의 예법과 제도를 본받아 왔고 이미 한문을 널리 쓰고 있는데, 갑자기 새 글자를 만들어 백성들에게 사용하게 하심은 학문과 정치에도 유익하지 않습니다.

둘째, 훈민정음이 비록 일반 백성들에게 유익할지 모르나 이는 한낱 기예에 불과합니다. 한자를 중심으로 학업에 정진하고 정신을 수련해야 할 왕자들과 학생들이 시간을 허비해 기예 익히기에 몰두한다면 이는 큰 국가적 손실이라 생각됩니다.

셋째, 중국의 여러 지역이 기후와 지리가 다르다 하여도 따로 글자를 만들어 사용하는 일이 없었고, 오직 일본, 몽골과 같은 무리들만이 각각 제 글자를 가지고 있으나, 이는 오랑캐들만의 일입니다. 그런데 우리가 문자를 새롭게 만들어 쓴다면 이는 중국을 버리고 오랑캐와 같아지는 것입니다.

훈.민.정.음.
결.사.반.대!

한마디로 '중국과 한자가 최고인데, 우리글을 만드는 것은 오랑캐나 하는 짓이다.'는 거지. 지금 우리 입장에서는 이해하기 힘들지만 당시 양반들은 정말 이렇게 주장했어. 이런 입장을 '사대주의'라고 해. 중국은 땅도 크고 문화도 발달했으니 중국을 받들어 섬겨야 한다는 생각이지. 중국 사람들은 주변 민족들을 '오랑캐'라고 부르면서 업신여겼어. 그러니 양반들은 조선이 오랑캐에서 벗어나려면 중국의 제도를 따르고 중국의 글자인 한자를 써야 한다고 주장했어.

그런데 양반들이 한글을 반대한 데에는 숨은 이유가 하나 더 있어. 훈민정음이 만들어지기 전까지는 우리글이 없었기 때문에 조상들은 중국의 한자를 썼어. 한자는 익히기가 어려워서 일반 백성이 사용하기에 어려움이 많았지. 하지만 훈민정음은 한자와 달리 배우기가 쉬웠기 때문에 부녀자들과 평민들도 글자를 쓸 수 있게 되었어. 훈민정음의 창제로 백성들이 자신의 말과 생각을 글로 표현할 수 있게 된 거지.

양반들이 한글을 반대한 또 하나의 이유는 이것이었어. 백성들 누구나 글을 알아서 자기 생각을 표현할 수 있게 되면 양반들 마음대로 세상을 움직이는 것이 힘들어지거든. 여러분이 지금 글을 모른다고 생각해 봐. 정부의 정책도, 세상 돌아가는 이치도 알기 힘들잖아? 그러니 다른 사람이 하자는 대로 따라갈 수밖에. 옛날도 마찬가지였어. 양반들만 글을 알아야 자기들 멋대로 세상을 주무르고 무식한 백성들은 그저 따라올 거 아냐? 양반 입장에선 평민이

글을 배운다는 건 자기들 밥그릇을 빼앗는 거나 마찬가지인 소리지. 그러니 양반들이 훈민정음 반포를 반대하고 이후에도 한글을 업신여긴 것은 당연한 일이었어.

하지만 세종은 이런 반대를 무릅쓰고 한글을 만들어서 널리 퍼뜨려. 그것이 백성과 나라를 위하는 길이라는 걸 알았거든. 이렇게 한글 하나만으로도 세종은 엄청난 업적을 이루었다고 할 수 있어. 그런데 이 밖에도 과학과 기술, 음악과 예술, 외교와 국방까지 세종은 다양한 분야에서 업적을 남겼단다. 아무리 능력이 뛰어나도 그렇지, 우리 세종 대왕님 도대체 잠은 언제 주무신 걸까? 다음 시간에는 세종의 업적에 대해 좀 더 자세히 살펴보도록 하자.

다음 중 한글에 대한 설명으로 틀린 것은?

① 우리의 입말과 중국의 글말이 달라서 만들어 낸 글자다.
② 처음에는 자음 17자와 모음 11자, 총 28자로 만들어졌다.
③ 세종과 종묘의 학사들이 연구를 거듭한 끝에 만들었다.
④ 발음 기관의 모양을 본떠 만들었다.

정답 | ③번. 한글은 집현전 학사들이 만들었어. 종묘는 제사를 지내는 곳이지.

 역사 현장 답사

조선 궁궐의 교과서, 경복궁

근정전의 옥좌

경복궁은 조선 왕조 개국 4년째인 1395년에 세운 궁궐이야. 경복궁은 한마디로 '조선 궁궐의 교과서'야. 고대 중국의 예법을 조선 왕실의 현실과 조화시켜, 전체적으로 규칙적인 배치를 따르면서도 부분적으로 변화와 파격을 주었거든.

아까 수업 시간에 보았던 근정전의 안쪽을 살펴볼까? 화려한 지붕 장식 아래 작은 집 모양을 만들어 놓고, 그 안에 왕이 앉는 의자를 두었구나. 이런 작은 집 모양을 '닫집'이라고 부르는데, 주로 왕이나 부처가 앉는 자리 주위에 만들었어. 이유는? 왕이나 부처의 권위를

경회루 연못에서 나온 용 상

향원정

높이기 위해서지. 의자 뒤로는 다섯 개의 봉우리 위로 해와 달이 그려진 「일월오봉도」가 있네. 이 그림은 왕을 상징해. 옛 책을 보면 왕을 그려야 하는 자리에 왕 대신 「일월오봉도」가 그려져 있단다. 감히 왕의 초상화를 함부로 그릴 수가 없었거든. 근정전 앞에 길게 뻗은 돌 기단은 '월대'라고 불러. 월대 끝에는 닭, 쥐, 말 같은 12지신과 함께 다양한 서수들을 새겨 넣었어. 근정전을 둘러보면서 다양한 동물상들을 살펴보는 것은 또 다른 재미야.

근정전 바로 뒤에는 임금과 신하들이 나랏일을 의논하며 하루 일과를 보내던 사정전이 있고, 사정전 뒤로는 왕실 가족의 생활 공간이 이어져. 업무를 끝낸 왕이 머무는 강녕전, 왕비의 생활 공간인 교태전이 있지.

교태전 왼쪽으로 가면 왕이 연회를 베풀던 경회루가 나오고, 교태전 뒤로 더 들어가면 향원정이 나와. 경회루가 외국 사신을 맞이하는 등 공식 연회를 위한 공간이라면, 향원정은 왕과 왕비가 휴식을 취하기 위한 개인 공간이지.

향원정까지 보고 다시 광화문 방향으로 나올 때는 왕의 어머니인 대비가 머물렀던 자경전을 빼먹지 말도록! 자경전에는 다양한 무늬로 장식한 아름다운 꽃담이 있거든.

:: 알아 두기 ::
가는 길 지하철 3호선 경복궁역 5번 출구에서 바로 연결되어 있어.
관람 소요 시간 핵심 건물만 돌아본다면 1시간, 구석구석에 있는 건물까지 모두 돌아보려면 3시간은 필요해.
휴관일 매주 화요일.
추천 코스 광화문에서 시작해 흥례문, 근정전, 사정전, 교태전, 경회루, 향원정 순으로 보고, 다시 광화문 방향으로 나오면서 자경전과 동궁을 관람해.

5교시
과학에서 문화까지, 세종의 모든 것!

국립고궁박물관

자격루

국립고궁박물관

자격루보다 더 큰 시계 있으면 나와 보라 그래!

> 이번 시간에는 세종의 업적들에 대해 좀 더 자세히 알아볼 거야. 과학 기술의 발전, 농사법 개발, 북방 개척……. 세종의 중요한 업적만 따져도 열 손가락이 모자랄 지경이야. 어떻게 이런 일들이 가능했냐고? 세종도 훌륭했지만, 뛰어난 신하들이 있었기 때문이지.

오늘은 국립고궁박물관에 왔어. 이곳에 오려면 경복궁으로 오면 돼. 국립고궁박물관은 광화문과 홍례문 사이, 그러니까 경복궁 안에 있거든.

그런데 지금 몇 시니? 모두 손목시계나 휴대폰의 시계를 보는군. 그럼 조선 시대 사람들은 어떻게 시간을 알았을까? 사람들은 까마득한 옛날부터 태양을 보고 시간을 가늠했어. 원리는 간단해. 태양이 아직 동쪽에 떠 있으면 아침, 머리 위에 있으면 점심, 서쪽 하늘로 사라지면 저녁. 태양의 위치를 좀 더 정확히 알기 위해서 사물의 그림자를 이용하기도 했어. 눈이 부셔서 태양을 계속 볼 수는 없으니까.

그렇다면 흐린 날은? 이거 난감하군. 그래서 만들었어, 물시계!

날씨에 상관없이 정확한 시간을 알려 주는 물시계를 만든 것도 세종이야. 물론 장영실을 비롯한 여러 신하들에게 분부하여 만들었지. 이 물시계를 '자격루'라고 불러. 이걸 궁궐에 설치해 놓고 시간에 따라 북을 두드려서 백성들에게 정확한 시간을 알려 주었어.

그런데 여러분, 자격루가 얼마나 큰지 알아? 놀라지 마. 세종 때 만들어진 자격루는 작은 집채만 한 크기였어. 때가 되면 관리의 복장을 한 인형이 나와서 자동으로 북을 두드려 시간을 알려 주는 장치도 있었지. 자격루의 아래쪽에서는 시간이 적힌 푯말을 든 인형이 등장했어. 국립고궁박물관에서는 이런 모습을 지금도 볼 수 있단다. 여기에는 자격루뿐 아니라 조선 시대 과학 기술을 엿볼 수 있는 유물들이 잔뜩 있어.

노비 장영실, 국비 유학을 떠나다

자, 그럼 지금부터 자격루를 좀 더 자세히 살펴보도록 하자. 왼쪽에는 물을 담은 항아리들이 층층이 있고, 오른쪽에는 북을 치는 인형들이 있는 단이 보이네. 왼쪽 항아리로 올라가는 계단이 있는 것을 보니, 항아리에 부은 물이 일정 시간을 지나면 인형들을 움직여 시간을 알려 주는 장치인 것 같아. 오른쪽 그림을 보면서 자격루의 작동 원리를 구체적으로 알아보렴.

자격루를 만든 건 장영실이야. 해시계에서 물시계, 천문 관측기구까지 장영실은 세종이 원하기만 하면 무엇이든 척척 만들어 냈

자격루의 작동 원리

① 일정한 속도로 항아리에 흘러 들어온 물이 가득 차면 옆의 긴 통으로 흘러 나간다.

② 긴 통에 물이 차면서 통 속의 잣대가 위로 떠오른다.

③ 잣대가 떠오르면서 작은 구슬을 건드려 옆으로 굴린다.

④ 굴러온 작은 구슬이 걸쇠를 풀면서 큰 쇠구슬이 옆으로 굴러간다.

⑤ 큰 쇠구슬이 떨어지면서 인형이 북과 종을 친다.

⑥ 다시 큰 쇠구슬이 아래로 떨어지면서 인형이 시간을 알려 준다.

어. 조선 최고의 과학 기술자, 장영실은 과연 어떤 사람이었을까?

장영실은 동래현(지금의 부산 동래구) 관기의 아들로 태어났어. 관기는 관청에 소속된 기생으로 노비와 같은 천민이야. 장영실은 관기의 아들이었으니 어릴 때부터 관청에서 허드렛일을 했어. 장영실은 낮은 신분임에도 불구하고 과학적 재능이 뛰어나 그에 대한 소문이 동래 현감(조선 시대의 행정 구역인 '현'의 수령)에게까지 전해졌고, 태종 때부터는 궁중의 기술자로 일하게 돼. 이후 세종의 신임을 얻어 다른 학자들과 중국으로 유학을 가서 천문 기구를 공부하기도 했어.

노비 출신의 장영실에게 나랏돈을 들여 유학까지 보내다니, 장영실도 장영실이지만 세종도 참 대단한 분이네. 그뿐 아니야. 나중에는 장영실의 공로를 인정해서 높은 벼슬까지 내렸어. 물론 양반들이 노비에게 벼슬을 주는 것은 말도 안 되는 일이라며 반대했지만, 세종은 뜻을 굽히지 않았지.

조선의 자연은 중국과 다르다

세종은 과학 기술을 통해 백성들의 삶을 풍요롭게 하고 나라를 발전시키려 했어. 자격루를 만든 것도 그러한 생각 때문이었지. 조선 시대에는 새벽에 도성 문을 열고 밤이 되면 닫았는데, 이 시간이 들쭉날쭉하면 백성들이 얼마나 불편하겠어? 그래서 자격루를 만들어 누구나 정확한 시간을 알 수 있게 했지.

백성들의 생활에 실질적인 도움을 주기 위해 세종이 특히 신경 쓴 것은 우리나라의 현실에 맞는 과학 기술을 발전시키는 일이었어. 그 결과 탄생한 책이 『칠정산』과 『농사직설』이야.

'칠정'이란 해와 달, 그리고 다섯 행성(수성, 금성, 화성, 목성, 토성)을 가리켜. 『칠정산』은 이러한 일곱 천체의 움직임을 관찰해서 날짜를 따지고 일식과 월식 등을 계산하는 방법을 알려 주는 책이야. 그 전까지는 중국의 책만을 참고했기 때문엔 날짜를 계산할 때 틀리는 경우가 많았거든. 『칠정산』은 우리나라에서 실제로 관측되는 천체의 움직임을 바탕으로 만들었기 때문에 계절을 정확히 알 수 있었고, 농사에도 큰 도움을 주었어.

이렇게 정확한 천문 책을 펴내기 위해 장영실은 다양한 천문 관측기구를 만들었어. 국립고궁박물관 '천문과 과학실'에는 혼천의도 전시되어 있으니 한번 가서 볼까?

천체의 움직임과 위치를 관측하는 장치인 혼천의

다음은 『농사직설』에 대해 알아보기로 하자.

📖 세종은 각 지역에서 농사를 짓는 농부의 경험을 모아 정리하여 『농사직설』이라는 책을 만들어 전국에 보급하였다. 『농사직설』에는 시간의 변화에 따라 농민들이 해야 할 일이 자세하게 쓰여 있다.

여기에 한 가지 설명을 덧붙여 볼까? 우리나라 농업은 고려까지는 중국의 농법과 크게 다르지 않았대. 2~3년에 한 번씩 돌아가면서 경작지를 놀려 땅의 힘을 회복하는 '윤작법'이 대세였지. 하지만 조선 시대에 비료 주기와 같은 방법이 개발되고 논에 물을 대는 방법이 개선되면서 땅을 놀리지 않고 농사를 짓게 되었어. 그래서 여기에 걸맞은 새로운 농사법이 담긴 『농사직설』이 나온 거야.

편경

뿔 망치로 돌을 쳐서 소리를 내.

　자, 그럼 이쯤에서 '궁중의 음악실'로 발걸음을 옮겨 보자. 지금은 보기 힘든 악기도 있고, 이것도 악기일까 싶은 것들도 있네. 그중에서 ㄱ자 모양의 돌을 두 줄로 매달아 놓은 것이 보이니? 이건 '편경'이라는 악기야. 돌마다 다른 소리를 내는, 일종의 실로폰 같은 악기지. 그런데 이 악기에는 세종과 관련된 이야기가 전해져.

　세종은 과학 기술이나 농사뿐 아니라 음악에도 관심이 많았어. 일찍이 유교를 만든 공자는 "음악이 바로 서야 나라가 바로 선다."고 했거든. 음악의 기본은 조화이니, 조화로운 음악이 융성하면 나라도 조화롭게 된다고 보았기 때문이지. 그러니 유교 국가 조선의 임금인 세종도 음악에 관심을 기울일 수밖에. 하지만 당시에는 궁중의 음악이 제대로 자리를 잡지 못하고 뒤죽박죽이었어. 그래서 당대 최고의 음악가인 박연에게 궁중 음악을 정리하도록 시켰어.

음악을 잘 구성하고 악기를 다시 만들어 제대로 된 궁중 음악을 시연하는 날, 편경 연주를 듣던 세종이 그중 돌 하나의 음이 이상하다고 하는 거야. 박연이 자세히 보니 표시된 부분까지 돌이 제대로 갈려 있지가 않았어. 그래서 다시 갈아 내고 연주하니 음이 딱 맞았지. 우리 세종 대왕님, 절대 음감의 소유자였나 봐.

북방 개척의 두 얼굴

세종의 또 다른 업적은 북방(북쪽 지방)을 개척해서 조선의 영토를 확고히 한 일이야. 이 당시 한반도의 북쪽에 있는 압록강과 두만강 근처에는 여진족이 살고 있었어. 여진족이 누구지? 중국에 금나라를 세워서 위세를 떨쳤던 민족! 결국 몽골에 의해 무너지고 말았다는 이야기를 고려 시대 수업 하면서 했어.

그 이후 여진족은 제대로 된 나라를 이루지 못하고 한반도 북쪽의 만주 지역 일대에 흩어져 살았어. 평소에는 조선에 토산품을 바치는 등 복종하는 모습을 보이다가, 식량이 떨어지는 등 살기가 어려워지면 조선 마을을 습격하곤 했지. 조선에게는 아주 골칫거리였어. 그래서 일부 신하들은 아예 북쪽 땅을 여진족에게 줘 버리자는 주장을 하기도 했단다.

여기서 잠깐, 조선 초기의 대외 관계를 살펴볼까? 이 당시 외교 정책의 기본은 '사대교린'이었어. '사대'란 '큰 나라를 섬긴다.'는 뜻. 중국을 섬기면서 관계를 잘 유지한다는 의미야. 물론 한글을 만드는 과정에서 살펴보았듯이 세종은 어디까지나 우리에게 도움이 되는 한도 내에서 사대를 추구했어.

'교린'이란 '이웃과 친하게 지낸다.'는 뜻이야. 여기서 말하는 이웃이란 북방의 여진족과 남쪽의 왜(일본), 그리고 동남아시아 나라들을 가리키지. 이웃이라고는 하지만 조선은 형님 같은 입장에서 이들을 다독이며 좋은 관계를 유지하려고 했어. 식량과 생활필수품이 늘 부족했던 여진족이나 왜의 경우에는 조선의 도움이 필요했거든. 이런 상황에서 여진족이 북방을 어지럽히니 평야도 얼마 없는 북쪽 땅을 줘 버리자는 주장이 나온 거지.

하지만 이 문제에 대한 세종의 대응은 단호했어. 이름난 장수인 최윤덕을 평안도로 보내 4군을 개척하고, 김종서를 함길도(함경도)로 보내 6진을 만들게 했지. '군'은 지금까지도 쓰이는 행정 구역 단위고, '진'은 군과 비슷하지만 군사 기지의 성격이 강한 행정 구역에 붙이는 이름이야. 이로써 압록강-백두산-두만강으로 이어지는 현재의 국경선이 확립되었어. 평소에 과학 기술을 발달시키면서 무기 개발 또한 게을리하지 않았기 때문에 가능한 일이었지.

하지만 4군 6진의 개척 때문에 고통을 받는 백성들도 있었어. 나라에서 사람들을 그곳으로 강제 이주시켰거든. 일단 영토를 넓혀 놓았으니 그곳에 사람이 살아야 했지. 그런데 아무래도 그 지방은 춥고 사람 살기가 힘들어 이주민 수천 명이 죽는 일도 생겼어. 그런데도 정부는 계속해서 강제로 사람들을 이주시켰어. 그래서 많은 백성들이 고통을 당했지.

세종의 놀라운 업적들을 보면 그 시대 백성들은 아주 편하게 잘 살았을 것 같지만 그렇지 않은 경우도 있었던 거야.

세계를 놀라게 한 조선의 기록 문화

지금까지 국립고궁박물관을 둘러보면서 세종의 수많은 업적뿐 아니라 당시 백성들의 어려움까지 살펴보았어. 그런데 이 모든 내용을 빠짐없이 기록해 놓은 책이 있단다. 바로 『조선왕조실록』. 조선이 세워진 후부터 문을 닫을 때까지의 역사를 일기 형식으로 매일 기록해 놓은 『조선왕조실록』은 세계에서 유래를 찾기 힘들 정도로 훌륭한 역사 기록이야.

더구나 왕의 업적뿐 아니라 잘못까지도 빼놓지 않고 적어 놓았어. 어떻게 그럴 수 있었느냐고? 왕은 자신이 즉위한 이후의 기록을 볼 수 없었거든. 그러니 기록을 담당한 사관들이 안심하고 공정하게 적을 수 있었지. 그래서 오늘날 우리가 세종의 업적뿐 아니라 그 당시 백성들의 어려움까지도 알 수 있는 거란다.

『조선왕조실록』은 이런 가치를 인정받아 유네스코 세계 기록 유산으로 지정되었어. 이 기록들이 오늘날까지 남을 수 있었던 것은

조선왕조실록

금속 활자 기술이 발달했기 때문이야. 우리 선조들은 일찍부터 기록을 중요시했고, 이를 위해 태종 3년(1403년) 계미자를 시작으로 다양한 금속 활자를 만들었거든.

1권에서 통일 신라 시대를 배우면서 세계에서 가장 오래된 목판 인쇄물이 불국사 석가탑에서 발견된『무구 정광 대다라니경』이라는 이야기를 했었지? 이런, 기억이 가물가물하다고? 1권을 다시 한 번 찾아봐. 사실 2권에서도 나오는 내용인데, 목판 인쇄뿐 아니라 금속 활자로 인쇄한 것도 우리 것이 세계에서 가장 오래되었어. 고려 1377년에 금속 활자로 인쇄한 불경『직지심체요절』이 그것이지. 서양 최초의 금속 활자 인쇄물인 구텐베르크의『성경』보다 70여 년이나 앞선 거야.

자, 그럼 오늘 수업은 여기까지. 다음에는 더 재미난 이야기를 해 줄 테니 기대해도 좋아.

세종의 업적에 대한 다음 설명 중 틀린 것은?

① 조선의 현실에 맞는 천문 책인『칠정산』을 만들어 농사에 도움을 주었다.
② 노비 출신인 장영실을 중국으로 보내 천문 기구를 공부하도록 했다.
③ 휴대용 물시계인 '자격루'를 만들어 보급했다.
④ 4군과 6진을 개척하여 북방 영토를 넓혔다.

정답 | ③번. 자격루는 휴대용이 아니라 설치용 물시계야.

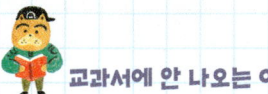 교과서에 안 나오는 이야기

'신의 손' 장영실이 만든 발명품들

조선 최고의 발명가 장영실은 천문학자들을 위해서는 각종 천문 관측기구를, 기상학자들을 위해서는 기상 관측기구를, 유학자들을 위해서는 새로운 금속 활자를 척척 만들어 냈지. 장영실이 만들어 낸 물건들을 하나씩 살펴볼까?

앙부일구 해시계로 그릇 안의 세로줄은 시간을, 가로줄은 절기를 나타낸다. 절기란 해의 움직임에 따라 1년을 24등분한 것으로 농사를 짓는 데 중요한 정보가 된다. 세종은 앙부일구를 큰길가에 두어 사람들이 시간을 알 수 있게 했다.

갑인자 당시 조선의 금속 활자는 몇 번 인쇄하고 나면 활자들이 흔들리기 일쑤였는데, 장영실은 대나무를 깎아 활자 사이에 끼워 넣어 이 문제를 해결했다. 이렇게 만든 금속활자를 '갑인자'라고 한다.

수표 기다란 돌기둥에 눈금을 새겨 넣어 강물의 양을 재고, 홍수 피해를 막는 데 도움을 주었다. 한강과 청계천에 설치했다.

간의 혼천의와 함께 조선 시대를 대표하는 천문 관측기구. 혼천의를 간략하게 만든 형태로, 혼천의보다 사용하기 편해서 조선 시대에는 주로 간의를 이용해서 천문을 관측했다.

역사 현장 답사

궁궐 사람들의 숨결을 느끼다, 국립고궁박물관

국립고궁박물관은 집채만 한 자격루나 혼천의, 측우기 등 조선의 과학 기술이 낳은 유물을 볼 수 있는 곳이야. 하지만 이곳의 가장 큰 매력은 궁궐에 살았던 사람들의 숨결을 느낄 수 있다는 점이지. 국왕의 옥좌에서 건물 지붕의 잡석까지 궁궐과 관련된 거의 모든 유물을 전시하고 있거든.

2층부터 지하1층에 이르기까지 모두 열 개의 전시실이 있고, 각 전시실마다 '제대로 조명받고 있는' 유물의 숫자만도 만만찮아. 그러니 관람 시간을 넉넉하게 잡는 것이 좋아. 먼저 2층의 안내 데스크에서 안내 책자를 챙기고, 바로 옆 '조선의 국왕실'부터 관람을 시작하면 돼.

그런데 혹시 아니? 조선의 왕 중에서 환갑을 넘긴 사람은 6명뿐이며, 평균 수명은 47세에 불과했다는 것. 최고의 음식을 먹고, 최고 의료진의 보살핌을 받았으나 장수하지 못한 이유는 격무와 스트레스, 운동 부족 때문이었을 거야. 새벽에 시작되는 왕의 하루는 업무와 공부로 빽빽이 차 있었거든.

옥좌 뒤에 펼쳐 놓았던 「일월오봉도」

적의

곤룡포

'조선의 국왕실'에는 왕이 입던 옷, 먹던 음식, 쓰던 가구 등이 다양하게 전시되어 있어. 왕의 옷을 '곤룡포'라고 부르는데, 가슴과 등과 어깨에 용의 무늬를 수놓았어. 왕비의 옷은 '적의'라고 하고, 푸른 비단에 꿩이 화려하게 수놓아져 있지. 왕비가 적의를 입을 때는 머리 장식도 그에 걸맞게 화려했는데, 이때 '큰 비녀' '봉황 비녀' '용머리 비녀' 등 모두 12개의 비녀를 꽂았단다. 가발 무게도 만만찮았다는데, 커다란 비녀까지 더했으니 예나 지금이나 '패션'을 위해서 여성들이 견뎌야 할 고통이 크구나.

아래층으로 이어지는 '왕실의 의례실'에서는 왕의 장례 절차에 대해 알아볼 수 있어. '대한 제국과 황실실'에서는 조선의 마지막 왕인 순종이 탔던 어차를 보고, 마지막으로 '천문과 과학 2실'에서 실물 크기로 복원된 자격루의 위용을 감상하면 국립고궁박물관 관람은 끝!

왕의 밥상인 수라상 모형

:: 알아 두기 ::
가는 길 지하철 3호선 경복궁역 5번 출구에서 바로 연결되어 있어.
관람 소요 시간 약 4시간.
휴관일 1월 1일, 설·추석 연휴.
추천 코스 2층에서 지하 1층까지 열 개의 전시실을 빠짐없이 둘러보려는 것은 욕심! 주제별로 전시실이 나누어 있으니 관심 있는 주제를 골라 관람하면 좋아.

6교시

법대로 하는 나라, 조선

세종 때 활짝 핀 조선의 문화는 성종 때에 이르러 완전한 모습을 갖추게 되지. 이때 '조선의 최고 법전'인 『경국대전』이 완성되었거든. 여기에는 왕실의 업무 지침부터 세금과 군사에 관한 것, 백성들의 일상생활까지 꼼꼼하게 규정해 놓았어. 이로써 조선 사회가 제 모습을 갖추게 되었지.

오늘 수업은 간단한 질문들로 시작해 볼게. 조선 시대 관리들은 언제 출근해서 언제 퇴근했을까? 그때도 출산 휴가가 있었을까? 간단한 질문이지만 쉽지 않지?

조선 시대 관리들은 아침 5~7시 사이에 출근해서 저녁 5~7시 사이에 퇴근했어. 해가 짧은 겨울에는 출근이 두 시간 늦춰지고, 퇴근이 두 시간 당겨졌지. 조선 시대에도 출산 휴가가 있었어. 노비의 경우에 출산 휴가가 90일이었고, 필요에 따라 남편도 출산 휴가를 신청할 수 있었대.

이걸 모두 어떻게 아느냐고? 이 모든 내용이 책 하나에 다 나와 있거든. 조선 성종 때 완성된 『경국대전』. 그래서 오늘은 『경국대전』을 볼 수 있는 국립중앙박물관 조선실에 왔어. 여기에 『경국대

경국대전

전』을 비롯해서 조선 초기의 사회 모습을 살펴볼 수 있는 다양한 유물이 전시되어 있거든. 그럼 『경국대전』은 도대체 어떤 책인지 자세히 살펴볼까?

📖 조선 건국에 도움을 준 사람들은 성리학을 받아들인 신진 사대부였다. 그들은 고려 말기부터 불교가 타락해 가는 것을 보고 불교를 부정적으로 생각하였다. 그래서 윤리와 명분을 강조하는 성리학을 바탕으로 고려 사회의 문제점을 해결하려 하였다. 세조 때 편찬하기 시작하여 성종 때 완성된 『경국대전』은 조선의 최고 법전으로서 백성을 다스리는 기준이 되었으며, 사회 질서를 유지하는 데에도 중요한 역할을 하였다.

조선 초기의 역사는 이렇게 정리할 수 있어. '태종이 건국 초기의 혼란을 정리하고, 세종이 과학과 문화를 발달시키고, 성종이 『경국대전』을 완성함으로써 조선 사회의 기틀이 이루어졌다.' 그런데 아쉽게도 세종에서 성종 사이에 건국 초기와 같은 혼란한 상황이 다시 한 번 반복되었단다.

2보 전진을 위한 1보 후퇴

훈민정음을 만들고 북방을 개척하는 등, 남들은 100년이 걸려도 힘든 일을 세종은 즉위 후 30여 년 만에 몽땅 해치우고 세상을 떠났어. 뒤를 이은 것은 장남이자 세자였던 문종. 무려 29년 동안이나 왕세자로 있었던 문종은 세종의 맏아들답게 모든 점에서 뛰어났지만, 단 한 가지, 건강이 안 좋았어. 그래서 즉위 2년 만에 세상을 떠나고 열두 살이었던 아들 단종이 왕위를 이었지.

이때부터 비극이 시작되었어. 왕은 어린데 큰 힘을 가진 삼촌이 여럿이었거든. 그중에서도 세종의 둘째 아들인 수양 대군과 셋째인 안평 대군이 강력한 세력을 이루고 있었지. 결국 수양 대군은 안평 대군과 그를 따르던 대신들을 몰아내고 권력을 잡아. 그러고는 어린 단종까지 끌어내리고 자신이 왕위에 오르지. 그가 바로 세조란다.

세조는 왕자의 난을 통해 권력을 잡고 건국 초기의 혼란을 정리했던 할아버지 태종과 닮았어. 왕권에 눈이 멀어 어린 조카를 죽였다는 비난을 받았지만, 왕권을 강화하고 나라를 튼튼히 했으며 다양한 서적들을 편찬하여 문화를 발전시켰거든. 무엇보다 중요한

세조의 업적은 나라를 다스리는 데 기초가 되는 법전인 『경국대전』을 만들기 시작했다는 거야. 세조는 여러 법전들을 바탕으로 완벽한 법전을 만들기 위해 여러 해 동안 노력했단다. 하지만 결국 법전의 완성을 보지 못하고 눈을 감았지.

세조의 뒤를 둘째 아들 예종이 이었어. 큰아들이 어린 나이에 죽었거든. 하지만 열아홉 살에 왕위에 오른 예종도 14개월 만에 세상을 뜨고 말아. 그래서 예종의 조카였던 성종이 열세 살의 어린 나이에 왕위에 오르지. 가만, 단종이 열두 살에 왕위에 올랐으니 성종도 위험할 수 있다는 얘기네? 하지만 성종에게는 야심만만한 삼촌들이 없었어. 그 대신 할머니 정희 왕후가 수렴청정을 맡았지. 왕의 나이가 어릴 때 어머니나 할머니가 대신 정사를 돌보는 것을 '수렴청정'이라고 불러. 그리고 스무 살이 되던 해 정치의 전면에 나선

단종의 무덤인 영월 장릉

성종은 할아버지 세조가 만들어 놓은 강력한 왕권을 기반으로 증조할아버지 세종이 발전시켰던 조선의 기틀을 완성하게 된단다.

 **사육신과 생육신의 비극**

> 수양 대군에게 왕위를 빼앗긴 단종이 아직 살아 있을 때, 단종을 다시 왕으로 복위시키려는 신하들의 계획이 발각돼. 세조 입장에서는 역모였지. 여기에는 집현전 학자들이 많이 연루되었는데, 이들 중 처형되거나 스스로 목숨을 끊은 신하 여섯 명을 가리켜 '사육신'이라 불러. 그리고 이들처럼 단종 복위 운동에 적극 나서지는 않았지만, 세조 아래서는 벼슬에 나가지 않고 절개를 지킨 신하 여섯 명을 '생육신'이라 부르고. 이후 사육신과 생육신은 모두 충신의 대명사가 되었어.

집현전에서 홍문관으로

성종의 업적을 좀 더 자세히 살펴볼까? 성종은 '홍문관'이라는 기관을 설치하고 학문에 뛰어난 인재들을 뽑아서 책과 문서를 관리하게 했어. 그리고 임금과 신하가 함께 학문을 연구할 수 있는 기반을 마련했지.

마치 세종의 업적을 보는 것 같네. 그럼 홍문관에 대한 설명을 더 해 볼까? 성종의 홍문관은 세종의 집현전과 같은 기능을 했어. 세종 때 학문과 문화 발전에 핵심적인 역할을 했던 집현전의 기능을 홍문관이 이어받은 거야. 여기에는 이유가 있어. 세조가 왕위에 오르고 나서 세종이 세운 집현전을 없애 버렸거든. 집현전의 관리들이 세조를 반대하고 단종을 지지했기 때문이지. 하지만 성종이 보기에 집현전의 기능이 필요했어. 그래도 할아버지가 없앤 것을 다시 만들지는 못하고 그 대신 홍문관이라는 이름으로 집현전의 역할을 하게 했던 거야.

그런데 홍문관에는 집현전에 없던 기능이 하나 추가돼. 바로 국왕과 신하들의 잘못을 지적하는 역할이야. 이런 기능이 없다면 나라를 다스리는 사람들이 부정부패에 빠져들거나 백성들을 생각하지 않고 제멋대로 일할 가능성이 높아지거든.

조선 시대 때 이러한 역할을 하는 관리들을 '대간'이라고 불렀어. 그런데 생각해 봐. 아무리 남의 잘못을 지적하는 것이 그들의 일이라고 해도, 그런 지적을 당하는 사람이 좋아할 리가 없잖아? 그래서 대간들은 때로 임금의 눈 밖에 나서 벌을 받기도 하고, 신하들의 미움을 받아 불이익을 당하기도 했단다. 가끔은 목숨을 잃기도 했지.

하지만 조선의 왕들은 나라를 제대로 다스리기 위해서는 바른말을 하는 대간들이 꼭 필요하다는 것을 잘 알고 있었어. 그래서 대간들에게 힘을 실어 주었고, 대간을 거친 사람이라야 정승 같은 높은 벼슬을 주기도 했단다. 원래는 사헌부와 사간원이라는 기관이 이런 기능을 했는데, 홍문관도 이런 일을 하게 한 거야. 그래서 이 세 기관을 합쳐 '삼사'라고 불렀어.

성종은 다양한 서적을 편찬해 조선의 문화가 발전하는 데도 힘썼어. 지리서인 『동국여지승람』, 역사서인 『동국통감』, 음악 서적인 『악학궤범』 등을 냈지. 차례대로 한번 살펴보자.

『동국여지승람』은 조선을 대표하는 지리서야. 조선 팔도 각 지역의 사람과 성씨, 대표 생산물, 문화 유적 등을 조사해 놓은 것이지. 이걸 조사한 것은 단순히 지역의 특징이 궁금해서가 아냐. 이러한 정보들은 나라를 제대로 다스리는 데 꼭 필요한 것이거든. 세종은 아주 훌륭한 분이었지만 그때는 아직 조선이 세워지고 시간이 얼마 지나지 않았을 때라 이런 정보들을 제대로 갖출 수 없었어. 이 작업이 성종 때 이루어졌고, 그 결과가 『동국여지승람』이라는 책으로 나온 거야.

조선의 팔도를 그린 지도야. 독도도 보이네!

『동국여지승람』에 실린 「팔도 총도」

고조선부터 고려 말까지의 역사를 다룬 『동국통감』이 나온 것도 비슷한 이유로 볼 수 있어. 이제는 조선의 기틀이 완전히 자리를 잡았으니 이전까지의 역사를 정리할 필요를 느낀 거지. 이전까지는 다른 급한 일들이 많아 미처 여기까지 손을 쓸 수가 없었거든. 역사서 편찬을 통해서 고조선에서 고려까지 내려오는 우리 민족의 역사를 조선이 이어받았다는 것을 분명히 한 거야.

음악 서적인 『악학궤범』은 문화 발전을 위해서 만들었어. 지난 시간에 음악을 바로 세우는 것이 유교 정치의 근본이 된다는 이야기를 한 것, 기억나? 세종이 그랬던 것처럼 성종도 음악을 통해 유교의 이상 정치를 실현하고 싶었던 거야.

고려 성종 대 조선 성종

조선의 성종과 고려의 성종은 이름뿐 아니라 업적도 비슷해. 조선의 9대 국왕인 성종이 조선의 기틀을 완성했다면, 고려의 6대 국왕인 성종 또한 고려의 체제를 정비했지. 고려의 성종은 최승로의 건의를 받아들여 유교적 국가 체제를 확립했거든. '종'이나 '조'로 끝나는 왕의 호칭을 '묘호'라고 하는데, 묘호는 왕이 죽은 이후에 그의 업적을 평가해서 신하들이 붙이는 거야. 그러니까 묘호가 비슷한 왕은 업적도 비슷한 경우가 많은 거지.

『경국대전』으로 알아보는 조선의 일상생활

지금까지 성종의 업적을 살펴보았으니, 이제부터는 『경국대전』의 내용을 좀 더 자세히 살펴보기로 할까? 그만큼 『경국대전』은 중요한 책이고, 이걸 통해 조선 시대 사람들의 생활을 구체적으로 알 수 있으니까 말이야.

『경국대전』은 나라의 살림에서부터 백성들의 일상생활에 이르기까지 조선 사회의 모든 분야를 망라한 법전이야. 관리의 종류, 관리의 봉급, 백성들의 세금, 과거 시험의 절차 등에 대해 자세하게 설명하고 있지. 그뿐만 아니라 흉년이 들면 관리가 무슨 일을 해야 하는지, 백성들 사이에 갈등이 일어나면 어떻게 조정해야 하는지, 집이나 도로를 공사할 때는 무엇을 살펴야 하는지 등에 대한 내용도 있단다.

『경국대전』의 구성을 살펴보면 「이전」「호전」「예전」「병전」「형전」「공전」으로 나뉘어 있어. '이, 호, 예, 병, 형, 공'이라. 가만, 이거 익숙한 이름 같지 않아?

1교시 때 육조 거리를 설명하면서 이 이름들이 나온 적이 있어. 육조란 이조, 호조, 예조, 병조, 형조, 공조 등을 가리키는데, 지금으로 치면 행정자치부, 기획재정부, 외교부, 국방부, 법무부, 국토교통부에 해당하는 중앙 관청들이라고 말이야. 그러니까 『경국대전』의 구성은 육조의 각 부서에서 지켜야 할 법률을 모아 놓은 거지.

『경국대전』에 구체적으로 어떤 법률이 있었는지 궁금하지 않니? 그중에서도 백성의 일상생활과 관련된 내용을 조금 소개해 볼게.

『경국대전』의 구성과 내용

관리의 채용, 봉급 지급 등에 대한 내용이 담겨 있다.

세금을 거두는 기준과 방법 등에 대한 내용을 알려 준다.

과거 시험, 사신 접대, 왕실의 제사 등 의례와 관련된 내용을 다룬다.

군대 지휘, 국경선 방위 등 군사와 관련된 내용이 담겨 있다.

형벌과 소송에 대한 규칙들을 자세하게 다룬다.

국가 시설이나 도로를 공사할 때 지켜야 할 규칙을 알려 준다.

『경국대전』의 법 (일부)

- 땅과 집을 사면 100일 안에 관청에 보고해야 한다.
- 남자는 15세, 여자는 14세가 되어야 혼인을 할 수 있다.
- 부모가 많이 아프거나 부모의 나이가 70세 이상이면 그 아들은 병역의 의무를 지지 않아도 된다.
- 노비 여성의 출산 휴가는 90일이다. 필요에 따라 남편도 출산 휴가를 신청할 수 있다.

『경국대전』에 있는 내용만 꼼꼼히 살펴봐도 조선 시대 사람들의 일상생활을 잘 알 수 있겠지? 그런데 여기서 우리가 기억해야 할 중요한 사실이 있어. 바로 조선은 임금이나 신하가 제 마음대로 다스린 나라가 아니라 『경국대전』이라는 법에 의해 다스려진 나라라는 것. 그럼 오늘 수업은 퀴즈로 마무리!

돌발 퀴즈

다음 중 조선의 법률 『경국대전』을 어긴 사람은?

① 논 두 마지기를 사고 50일 만에 관청에 보고한 농부.
② 셋째 딸을 16세에 시집보낸 관리.
③ 부모가 환갑이 넘어 병역 의무에 응하지 않은 백성.
④ 아내가 아이를 낳자 며칠간 일을 쉰 노비.

정답 | ③번. 부모가 70세 이상이 되어야 병역을 면제받을 수 있었어.

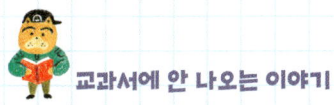 교과서에 안 나오는 이야기

『경국대전』에 따라 다음과 같이 판결한다!

조선 명종 15년(1560년) 11월, 경상도 경주에서는 재산을 둘러싼 재판이 벌어졌어. 시집보낸 딸이 일찍 죽고 사위가 새장가를 들자 친정에서 딸이 가져간 재산을 돌려 달라고 요구했어. 재판을 맡은 경주부 관아에서는 『경국대전』에 따라 판결을 내렸지.

경주부 형조

판 결 문

사건: 0000-XXXX 노비 반환 청구
원고: 화순 최씨 가문의 최득충
피고: 경주 손씨 가문의 손광서

판결
피고는 원고의 딸이 결혼 당시에 데려간 노비 32명 중 16명을 원고에게 반환하라.

이유
원고는 3년 전 자신의 딸을 피고의 아들에게 시집보내면서 노비 32명을 같이 보냈다. 하지만 시집간 지 1년 만에 딸이 자식 없이 죽자 자신이 딸과 함께 보낸 노비 32명을 돌려 달라고 요구했다. 이에 피고는 '우리 집안에서 죽은 며느리의 제사를 지내고 있으므로 노비를 돌려보내는 것은 부당하다.'며 거절했다. 결국 원고는 경주부에 노비 반환 청구 소송을 제기했다.
『경국대전』은 자녀가 없는 여자가 죽을 경우 그녀 소유의 재산 중 80퍼센트는 친정이, 20퍼센트는 시집이 갖도록 규정하고 있다. 단 시집에서 죽은 며느리의 제사를 지낼 경우 원래 몫에서 30퍼센트를 시집에 더 주어야 한다. 그러므로 이 경우 피고는 죽은 며느리의 재산 중 50퍼센트를 가질 수 있으므로, 32명의 노비 중 50퍼센트에 해당하는 16명을 원고에게 돌려주어야 한다.

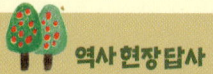 역사 현장 답사

빌딩 숲 속 숨은 왕릉 찾기, 선정릉

홍살문과 정자각

    오늘의 역사 현장 답사는 서울 강남 빌딩 숲 속에 자리한 조선 시대 왕릉, 선정릉이야. 여기에 조선의 기틀을 완성한 성종이 잠들어 있거든. 빌딩 숲 사이에 무슨 볼만한 공간이 있겠느냐고? 겉에서 보기엔 작아도 막상 안으로 들어가면 길게 이어진 아름다운 숲길에 놀라게 될 거야.

    매표소를 지나면 선릉의 대문인 홍살문이 나와. 두 개의 나무 기둥을 올리고 그 사이에 살을 박아 넣은 후 붉게 칠한 홍살문은 여기서부터 신성한 지역임을 알리는 표시지. 홍살문에서 정자각까지 이어지는 돌길을 '참도'라 하는데, 약간 더 높은 왼쪽 길은 신령이 다니는 '신도', 오른쪽 길은 왕이 다니는 '어도'야. 아무래도 신도는 살짝 피해 주는 게 좋겠지?

    음식을 차려 놓고 왕릉에 제사를 올리는 집인 정자각은 모양이 정(丁) 자처럼 생겼다 해서 붙여진 이름이지. 정자각으로 올라가는 계단은 오른쪽에 둘, 왼쪽에 하나가 있어. 오른쪽 계단 중 멋지게 장식된 것은 신령이 오르는 계단이고, 그 옆의 밋밋한 계단은 왕이나 제

문인석(위)과 무인석(아래)

관이 오르는 계단이야. 그럼 왼쪽은 왜 계단이 하나뿐일까? 정자각에서 제물을 받아먹은 신령은 왼쪽 계단이 아니라 정자각 뒤편을 통해 언덕 위 왕릉으로 올라가기 때문이란다. 그러니 정자각 왼쪽으로는 사람이 내려올 작은 계단 하나만 있으면 되는 거지.

정자각까지 얼추 봤다면 성종의 능으로 올라가 보자. 야트막한 언덕을 따라 난 길을 걸어 올라가면 무덤 바로 옆까지 갈 수 있어. 무덤 주변은 나지막한 담으로 둘러싸여 있는데, 이를 '곡장'이라고 불러. 곡장 안에는 돌로 만든 양과 호랑이, 문인석과 무인석이 무덤을 지키고 서 있네. 문인은 홀(벼슬아치가 임금을 만날 때 손에 쥐던 물건)을 쥐고 있고, 무인은 칼을 땅에 짚고 단단히 서 있어. 죽은 왕을 지키려는 충심이 느껴지지 않니? 옆에는 왕이 부르면 언제든 달려가기 위해 돌로 만든 말을 한 마리씩 데리고 있네.

무덤에서 내려다보면 강남의 빌딩 숲이 시원하게 펼쳐져. 원래 논밭이었던 곳이 빌딩 숲으로 변해 가는 모습을 보면서, 무덤 속의 성종은 무슨 생각을 하셨을까? 성종의 무덤에서 조금 떨어진 곳에 그의 둘째 아들인 중종의 무덤이 있어. 성종의 무덤이 선릉, 중종의 무덤이 정릉이지. 선정릉은 이 둘을 합친 이름이고. 선릉에서 정릉까지 가는 숲길이 아주 좋아. 도심 한복판에서 이런 숲길을 산책할 수 있다는 게 어디야? 수업 시간에 배운 성종의 업적을 생각하며 천천히 걸어 보자.

:: 알아 두기 ::

가는 길 지하철 2호선 선릉역 8번 출구로 나와 걸어서 5분.
관람 소요 시간 약 1시간.
휴관일 매주 월요일.
추천 코스 성종이 묻힌 선릉을 본 뒤, 왕비였던 정현 왕후의 무덤을 보고, 숲길을 통과해 중종의 정릉을 둘러봐.

1494년 ── 연산군이 왕위에 오르다

1498년 ── 무오사화로 많은 사림이
죽고 유배를 당하다

1504년 ── 연산군이 어머니 폐비 윤씨의
죽음과 관련된 사람들을 처형하거나
귀양 보내다(갑자사화)

1506년 ── 연산군이 폐위되고 중종이
왕위에 오르다

1515년 ── 조광조가 관직에 올라
개혁 정치를 시작하다

1519년 ── 향약을 실시하다
기묘사화로 조광조가 사형을
당하고 많은 사림이 죽다

1543년 ── 우리나라 최초의 서원인
백운동 서원이 세워지다

3부

유교 위에 자리 잡은 조선 사회

7교시 | 유교, 정치에서 생활이 되다 _국립민속박물관, 성균관

8교시 | 귀족에서 양반으로, 백정에서 백성으로 _남산골 한옥 마을

9교시 | 봄, 여름, 가을, 겨울 조선 농민들의 생활 _농업박물관

7교시
유교, 정치에서 생활이 되다

국립민속박물관, 성균관

서당 개 3년이니 풍월을 읊어 보아라.

하늘 천, 땅 지, 검을 현~

> 지난 시간에 살펴본 대로 세종에서 성종에 이르는 동안 유교 국가 조선의 기틀이 마련되었어. 그 최고봉은 『경국대전』의 완성이었고. 유교에 바탕을 둔 『경국대전』이 백성들의 일상생활까지 규정하면서 자연스럽게 유교가 백성들 깊숙이 스며들게 되었단다. 여기에는 왕과 관리들의 노력도 큰 역할을 했지.

여기는 국립민속박물관. 선사 시대부터 조선 시대까지 한반도에서 살았던 조상들의 생활을 살펴볼 수 있는 곳이야. 특히 조선 시대 양반의 일생과 계절별 농민의 일상생활을 생생히 볼 수 있도록 전시해 놓았어.

그럼 본격적으로 수업을 시작하게 전에 퀴즈 하나! 5월 5일은 무슨 날이지? 여러분이 좋아하는 어린이날! 5월 8일은? 어버이날. 5월 15일은? 스승의 날. 그럼 5월 셋째 주 월요일은? 여러분도 스무 살이 되면 이날의 주인공이 돼. 여자가 이날을 맞으면 남자 친구한테 장미와 향수, 그리고 키스를 선물로 받는다고 해. 남자는? 넥타이나 양복을 받기도 하지. 바로 어른이 된 것을 기념하는 '성년의 날'이야.

조선 시대에도 성년의 날이 있었어. 지금처럼 모두가 같은 날이 아니라, 아이가 자라 어른이 되면 저마다 좋은 날을 받아 성년이 되는 의식을 치렀지. 남자아이가 치르는 성년식을 '관례', 여자아이가 치르는 것을 '계례'라고 불렀어. 남자아이는 상투를 틀고 관을 쓰고, 여자아이는 머리를 올려 쪽을 찌고 비녀를 꽂았지. 성년식은 아주 성대했어. 관례는 혼례(결혼식), 상례(장례식), 제례(제사)와 함께 유교에서 가장 중요한 행사였거든. 이 네 의례를 한마디로 줄여 '관혼상제'라고 불러.

> 조선 시대에는 나라의 행사뿐만 아니라 백성들도 집안의 행사를 유교의 예에 따랐다. 나라에서는 관혼상제를 가장 중요한 일이라 생각하여 백성들이 그 예를 따르게 하였다.

그럼 지금부터 유교식 관혼상제를 꼼꼼히 살펴보도록 할까?

조선 시대 관혼상제 구경

국립민속박물관의 제3전시실은 '한국인의 일생'을 주제로 꾸며져 있어. '관례'를 행하는 모습과 함께 상투를 트는 데 쓰이는 도구들, 그때 입는 옷 등이 보이는군. 물론 사진 속 모습은 조선 시대가 아냐. 하지만 주위에 집안 어른들이 모여 있는 모습이나 관례의 주인공이 상투를 틀고 관모를 쓰는 모습은 조선 시대와 똑같아.

관례를 재현하는 모습

> 남자는 스무 살 전후에 관례를 치렀어.

다음으로는 혼례가 나오네. 이건 오늘날의 결혼식과 같은 거야. 하지만 요즘과는 여러 가지가 달랐지. 어떻게 달랐는지 조선 시대의 유교식 혼례에 대해 알아보자.

📖 혼례날은 신부 집에서 정하고, 신랑 집에서는 혼례 전날에 옷감과 편지가 든 함을 신부 집으로 보냈다. 신부 집에서 혼례를 치른 후, 다음 날이나 3일째 되는 날에는 신랑 집으로 가서 시부모와 어른들께 폐백을 드렸다.

조선 시대의 혼례는 결혼식장이 아니라 신부 집에서 치렀어. 신혼여행 대신 신부 집에서 하루나 이틀을 자고 신랑 집으로 왔지. 하지만 이건 엄격히 말하면 유교식이 아냐. 원래 유교식으로 하려면

혼례를 재현한 모형

신부가 신랑 집에 가서 혼례를 치러야 하거든. 유교에선 언제나 남자가 우선이니까.

그런데 유교가 들어오기 이전부터 우리 조상들은 신부 집에서 혼례를 올렸고, 신혼살림도 그곳에 차렸어. 그래서 '장가든다' 혹은 '장가간다'는 말이 나온 거야. 혼례가 유교식으로 바뀌면서 '시집간다'는 말이 생긴 거고. 조선의 혼례에는 이 둘이 합쳐졌지. 그래서 신부 집에서 장가를 들고, 하루나 이틀 후 신랑 집으로 시집을 간 거야. 신부가 시부모에게 첫인사를 드리는 의식인 폐백은 요즘 결혼식에도 남아 있어. 물론 신랑 집이 아니라 결혼식장 폐백실에서 이루어지지만.

다음은 상례야. 요즘이야 병원 영안실이나 장례식장에서 상례를 치르지만 조선 시대만 해도 집에서 치렀어.

📖 조선 시대 사람들은 사람이 죽으면 아주 사라지는 것이 아니라 본래 있던 하늘로 되돌아간다고 생각했다. 그래서 '돌아가셨다'는 말을 썼고, 돌아가신 뒤의 의식인 상례를 매우 중요하게 여겼다. 부모가 돌아가시면 자식들은 3년 동안 상복을 입고 부모의 묘소를 지켰다.

3년 동안 부모의 묘소를 지키는 것은 삼년상이라고 하는데, 이거야말로 유교식이야. 불교식으로 장례를 치렀던 고려 시대에는 길

어야 100일 정도였거든. 삼년상은 보통 부모의 묘소 옆에 간이 건물인 여막을 짓고 치렀는데, 그 내부 모습을 국립민속박물관 전시실에서 볼 수 있어. 왼쪽으로는 촛대가 있는 제단이 보이고 오른쪽에는 삿갓 아래 멍석이 펼쳐져 있군. 삼년상을 치르는 동안에는 여막에서 외출할 때 반드시 삿갓을 써야 했어. 부모님을 여읜 자식은 죄인이어서 하늘을 볼 수 없었으니까.

마지막으로 제례. 제사는 조선 시대의 모습이 오늘날까지 잘 남아 있는 의식이야. 물론 기독교식으로 추도식을 치르는 집도 있지만, 제사를 지내는 경우라면 옛날 방식으로 제사상을 차리고 순서에 맞춰 예를 올리지. 다만 옛날에는 없던 바나나 같은 과일이 제사상에 올라가기도 하지만 말이야.

> 조선 시대 사람들은 부모가 돌아가신 후에도 정성을 다해 제사를 지내는 것이 효도라 생각하였다. 4대 봉사라고 하여 부모, 조부모, 증조부모, 고조부모까지 제사를 지냈다. 제례는 조상이 돌아가신 날에 지내는 기제사와 명절에 지내는 차례로 나눌 수 있다.

요즘도 이렇게 제사를 지내는 집들이 꽤 있어. 어떤 집들은 부모와 조부모까지만 지내고 그 윗분들은 한꺼번에 모아서 제사를 지내기도 하지만. 참, 그리고 명절에 지내는 차례는 원래 술 대신 차를 바치는 제사였다는구나. 그래서 차례라는 이름이 붙은 거래.

삼강오륜이 뭐야?

관혼상제와 함께 조선 시대 유교의 가르침 중에서 가장 중요시했던 것은 삼강오륜이야. 이건 이름 그대로 '세 가지 가르침(삼강)'과 '다섯 가지 도리(오륜)'를 말하지. 세 가지 가르침이란 신하는 임금을 섬기고, 아들은 아버지를 섬기고, 아내는 남편을 섬겨야 한다는 거야. 신하가 임금을, 아들이 아버지를 섬기는 거야 당연하지만 아내가 남편을 섬겨야 하는 게 좀 이상하다고? 유교는 철저히 남성 중심의 가치관을 지니고 있었거든. 나중에는 여기서 한 발 더 나아가 '여자는 어릴 때는 아버지를, 결혼 후에는 남편을, 늙어서는 아들을 따라야 한다.'는 '삼종지도'라는 말까지 나오는걸.

다섯 가지 도리란 첫째, 어버이와 자식 사이는 친해야 한다. 이건 뭐 당연한 이야기지. 둘째, 임금과 신하 사이에는 의로움이 있어야 한다. 이것도 고개가 끄덕여지네. 셋째, 부부 사이에는 구별이 있어야 한다. 이건 무슨 말일까? 남편은 남편으로서의 역할, 아내는 아내로서의 역할을 잘해야 한다는 이야기야. 넷째, 친구 사이에는 믿음이 있어야 한다. 이것 또한 유교가 아니더라도 마땅히 그래야 하지. 다섯째, 어른과 아이 사이에는 순서가 있어야 한다. 혹 '찬물도 위아래가 있다.'는 속담을 들어 본 적이 있어? 냉수 한 그릇도 웃어른에게 먼저 드려야 한다는 뜻이야. 이거야말로 유교에서 강조하는 내용이군.

삼강행실도

이 책은 조선의 도덕 교과서야. 백성들이 읽을 수 있게 한글로도 쓰여 있지.

삼강오륜의 가르침은 국왕부터 백성까지 모두가 지켜야 했어. 그래서 왕의 하루는 왕실의 웃어른에게 문안 인사를 하는 것으로 시작됐지. 백성들은 나라에 충성하고, 부모에게 효도하며, 남녀 간에 차이가 있음을 당연하게 여겼고. 하지만 조선의 백성들이 이런 유교의 가르침을 저절로 받아들인 것은 아냐. 국왕과 신하들은 백성들이 유교의 가르침을 받아들이도록 많은 노력을 기울여야 했어. 유교의 가르침을 글과 그림으로 설명한 『삼강행실도』를 펴내기도 했지.

 돌발 퀴즈

다음 중 삼강오륜의 내용이 아닌 것은?

① 형과 동생 사이는 친해야 한다.
② 임금과 신하 사이에는 의로움이 있어야 한다.
③ 부부 사이에는 구별이 있어야 한다.
④ 친구 사이에는 믿음이 있어야 한다.

정답 | ①번. 좋은 말이지만 삼강오륜에 나오는 내용은 아니지.

성균관 최고의 수재, 조광조

유교를 널리 퍼뜨리기 위해서 교육만큼 확실한 길은 없었어. 그래서 한양에는 지금으로 치면 국립 대학과 같은 성균관을 세운 거야. 지방의 향교도 나라가 세운 교육 기관이었지만 성균관보다는 한 단계 아래였어. 향교에서 유학을 배우고 과거의 1차 시험(소과)에 합격해야 성균관으로 진학할 수 있었으니까. 성균관에서 과거 최종 시험(대과)에 합격하면 관리로 나갈 수 있었고. 그럼 지금부터 조선 최고의 학교 구경을 한번 해 볼까?

국립민속박물관에서 성균관까지는 딱 3킬로미터. 택시 타고 10분이면 도착해. 정문으로 들어서면 종묘의 정전처럼 엄숙한 분위기가 느껴지는 건물이 보여. 이곳의 이름은 '대성전'. 유교의 으뜸 성인인 공자를 모신 곳이야. 여기가 유교를 가르치는 최고 교육 기관임을 보여 주는 건물이지.

대성전을 지나면 정면으로 보이는 '명륜당'을 중심으로 왼쪽에는 '서재', 오른쪽에는 '동재'라는 건물이 나와. 명륜당은 성균관의 대강의실, 동재와 서재는 기숙사였어. 이곳에서 기숙사 생활을 하며 유학을 배우는 학생들을 '유생'이라 불렀지. 이들의 한결같은 소망은 과거에 급제해 벼슬길에 나서는 것. 물론 과거 급제는 쉬운 일이 아니었어. 그러기 위해서 빡빡한 수업도, 계속되는 시험도 견뎌야 했지.

그런데 성균관 유생 중에는 과거 시험을 거치지 않고 벼슬에 오르는 사람도 있었어. 동료들의 추천을 받으면 가능한 일이었지. 중종 때의 조광조는 성균관 유생 200명의 추천으로 관직에 올랐어. 당시 성균관의 정원이 200명이었으니, 전교생이 조광조를 추천한 거야. 학문이 뛰어났을 뿐 아니라 인품 또한 훌륭했기에 가능한 일이었단다.

또 하나의 이유는 조광조를 둘러싸고 있던 '사림' 세력이 있었기 때문이었어. 당시 조광조는 사림 세력을 이끌던 우두머리였거든.

사림이 누구냐고? 성종 때 처음으로 중앙 정부에 진출한 정치 세력이야. 원래는 지방에 있던 양반들인데, 성종이 훈구 대신들을 견제하기 위해 불러올렸지. 그럼 '훈구 대신'은 또 누구냐? 이들은 세조가 왕위에 오

조광조

를 수 있도록 도와준 공신들이었어. 좀 더 거슬러 올라가면 이들은 태조와 함께 조선을 세운 혁명파 신진 사대부의 후손들이라 볼 수 있지.

반대로 사림의 선조들은 역성혁명을 반대했던 온건파 신진 사대부들이었어. 온건파는 조선의 건국 이후 지방으로 밀려났거든. 그리고 100여 년의 시간이 흐른 후, 왕권을 위협할 정도로 세력이 강해진 훈구파를 견제하기 위해 성종은 지방에 있던 사림파들을 대거 등용하기 시작한 거야.

훈구파와 사림파는 그 뿌리뿐 아니라 여러 가지 점에서 달랐어. 이미 100년 넘게 권력을 잡고 있던 훈구파는 넓은 땅을 소유한 대지주가 되어 있었고, 사림파는 지방의 중소 지주로 살아가고 있었지. 이들은 모두 성리학자였지만, 오랫동안 정권을 잡은 훈구파는 부정부패에 물들어 가고 있었어. 사림파는 훈구파의 개혁을 외쳤고. 그러니 훈구파와 사림파가 부딪칠 수밖에.

사림의 집권, 유교의 생활화

성종 때까지만 해도 이 둘은 큰 문제를 일으키지는 않았어. 성종이 이들의 갈등을 잘 조정했기 때문이지. 하지만 성종의 뒤를 이은 연산군 때 문제가 폭발해. 여기서 잠깐! 연산군은 왜 '종'이나 '조'로 끝나지 않고 이름이 '군'으로 끝날까? 그건 그가 '반정'으로 왕의 자리에서 쫓겨났기 때문이야. 반정이란 유교의 이념에 어긋나는 왕을 끌어내리고 새로운 왕을 모시는 일을 말해.

연산군은 아버지 성종의 후궁들을 죽이고 할머니인 인수 대비를 폭행했다는 등의 이유로 폐위돼. 유교 국가인 조선에서 불효는 왕도 용서받을 수 없는 죄였으니까. 물론 연산군이 이렇게 한 데는 나름대로 이유가 있어. 자신의 생모가 사약을 먹고 죽었다는 사실을 뒤늦게 알고 거기에 관련된 사람들을 찾아 복수한 것이거든.

이 과정에서 수많은 관리들이 죽임을 당하는데, 주로 사림 세력이 피해를 입었어. 사림파가 유교적 이념과 명분에 훨씬 더 철저했으니까. 사림은 연산군의 생모가 죽은 것이 선왕인 성종이 한 일이기에 연산군은 복수를 해서는 안 된다고 주장했어. 그러니 연산군의 미움을 살 수밖에.

연산군을 몰아내고 왕위에 오른 중종은 다시 사림 세력을 불러모았어. 사림의 중심에 있었던 조광조는 부정부패를 일삼던 훈구파를 겨냥해 개혁의 칼날을 뽑아 들었단다. 하지만 가만히 당하고 있을 훈구파가 아니었어. 이들은 조광조에게 역모 혐의를 씌우는 데 성공했고, 결국 조광조는 사형을 당했지. 이렇게 사림 세력이 화

를 입은 정치적 사건을 '사화'라고 부르는데, 연산군에서 명종에 이르기까지 모두 네 번의 사화가 일어났단다.

　사화로 큰 타격을 입은 사림파는 지방으로 내려갔어. 비록 벼슬은 잃었으나 지방에는 자신의 땅과 그 땅을 빌려 일하는 백성들이 있었으니까. 그래서 이들은 지방의 지배권을 더욱 확실히 다지기 시작했지. 이때 이용한 것이 유교였어. 삼강오륜에서 알 수 있듯이 유교는 윗사람과 아랫사람 사이에 지켜야 할 도리를 강조했거든. 이들은 '향약'이라는 향촌 자치 조직을 만들어서 유교 이념과 의례를 널리 퍼뜨렸어. 이 과정에서 유교적 관혼상제는 지방의 백성들에게까지 확실하게 뿌리를 내리게 되었단다. 이처럼 유교가 백성의 삶 속에 자리를 잡게 되기까지는 왕과 관리들의 노력이 있었을 뿐 아니라 훈구파와 대립을 벌인 사림파도 영향을 끼친 거야.

역사 현장 탐사

조선 대표 공붓벌레들을 찾아서, 성균관

명륜당

　조선의 국립 대학 성균관은 600년 넘게 같은 자리를 지키고 있어. 지금이야 성균관대학교 정문 한쪽 구석에 보일락 말락 숨어 있지만, 성균관은 조선 시대 내내 팔도의 공붓벌레들이 모여 배움에 대한 열의를 불태웠던 곳이지.
　성균관의 정문인 신삼문 앞에는 '하마비'가 있어. 누구든지 이 앞을 지날 때는 말에서 내리라는 뜻의 글자가 새겨져 있지. 말을 타고 온 유생도 이곳부터는 걸어야 했어. 신삼문을 들어서면 공자를 모시는 대성전이 보이고, 그 뒤쪽으로 명륜당이 있어. 명륜당에서는 강의도 하고 시험도 봤대. 시험은 날마다, 열흘마다, 달마다, 해마다 치렀다고 해. 유생들, 학업 스트레스가 만만찮았겠지? 그래서인지 시험을 빼먹거나 남의 답안지를 베껴 내는 유생도 많았다는군.
　명륜당 앞에 마주 보고 있는 동재와 서재는 기숙사야. 평균 정원이 200명이었던 성균관은 기숙사 생활이

선비들의 책상인 서안

동재에 걸린 북(왼쪽)과 동재 전경(오른쪽)

원칙이었거든. 동재와 서재의 방은 각 28개. 모두 56개의 방이 있으니 한 방에 묵는 인원은 평균 네 명 정도라는 계산이 나오지. 하지만 모든 유생들이 공평하게 방을 나눠 쓴 것은 아니었어. 학생 회장인 '장의'는 독방을 썼고, 과거 시험의 1차 관문인 초시를 통과한 '상재생'들은 두서너 명이 한 방을, 초시에 합격하지 못한 '하재생'들은 열 명까지도 한 방을 썼단다.

동재의 첫 번째 방에는 북이 높이 걸려 있는데, 이 북소리에 맞춰 유생들은 규칙적으로 생활했어. 북을 쳐서 식사 시간을 알리면 식당으로 가서 밥을 먹었지. 이때 출석 체크도 했어. 아침과 저녁을 모두 이곳에서 먹으면 1점인데, 300점이 모여야 과거를 치를 수 있는 자격이 주어졌다고 해.

성균관에는 이 밖에도 과거 시험이 치러졌던 비천당, 활과 화살을 보관했던 육일각, 도서관이었던 존경각 등 여러 건물이 있어. 천천히 쉬엄쉬엄 돌아보면서 조선 시대 공붓벌레들의 학교생활을 상상해 보자고.

:: 알아 두기 ::

가는 길 지하철 4호선 혜화역 4번 출구로 나와 걸어서 10분.

관람 소요 시간 약 1시간.

휴관일 늘 개방하지만 개방 시간이 따로 정해진 건물도 있으니 미리 확인하는 것이 좋아.

추천 코스 신삼문으로 들어가 대성전, 동재와 서재, 명륜당 순으로 돌아보자. 매년 봄가을, 유교의 높은 어른들께 제사를 지내니 이때 찾아가 보면 더욱 좋겠지?

8교시
귀족에서 **양반으로**, 백정에서 **백성으로**

남산골 한옥 마을

> 까마득한 옛날, 청동기를 쓰던 시대에 먹고도 남을 만큼의 식량이 생산되면서
> 지배층과 피지배층이 생겨났다는 것, 기억하지? 삼국 시대에는 귀족·평민·노비로
> 나뉘었고, 고려 시대에는 중간층이 생겨나 귀족·중류층·양인·천민이 되었지.
> 이러한 신분제는 조선에 이르러 또 한 번의 변화를 겪게 된단다.

　오늘의 현장 수업 장소는 고래등 같은 기와집들이 모여 있는 마을이야. 명절이면 여러 민속 행사들이 단골로 펼쳐지는 남산골 한옥 마을. 지난번에 서울역사박물관에서 서울의 북촌과 중촌, 남촌에 대해 배웠지? 경복궁과 가까운 북촌은 높은 관리들이 모여 살았고, 청계천 인근의 중촌에는 의관과 역관 같은 중인들이, 남산 자락의 남촌에는 지위가 낮은 관리나 아직 벼슬에 오르지 못한 양반들이 모여 살았다고 말이야. 하지만 아쉽게도 북촌과 중촌, 남촌의 옛 모습은 대부분 사라졌어. 남산골 한옥 마을은 조선의 대표적인 양반 가옥을 최근에 옮겨 와 만든 거야. 겉모양뿐 아니라 내부 살림살이까지 옛 모습 그대로 재현해 놓아 조선 양반들의 생활 모습을 생생히 볼 수 있단다.

김득신의 「노상알현도」

수업을 시작하기 전에 옛 그림 한 점을 볼까? 그림 왼쪽에는 큰 갓을 쓰고 나귀를 탄 사람이 시종들과 있고, 오른쪽에는 패랭이를 쓴 사람이 머리가 땅에 닿도록 절을 하고 있네. 한눈에 보아도 왼쪽은 양반, 오른쪽은 상민인 것을 알 수 있군.

📖 조선 시대의 신분은 부모로부터 물려받아 태어나면서부터 정해져 있었다. 조선 시대에는 양천제라는 신분 제도를 바탕으로 신분을 크게 '양인'과 '천민'으로 구분하였다. 16세기 이후에 '양인'은 다시 양반, 중인, 상민으로 나누어졌다. 따라서 실제로는 양반, 중인, 상민, 천민의 네 신분으로 엄격히 구분되었으며, 신분에 따라 사람들의 생활 모습도 매우 달랐다.

조선 시대 신분 질서의 가장 중요한 원리는 '양천제'와 '반상제'야. 양인과 천민으로 가르고, 양반과 상민을 구분하는 것이지. 쉽게 말하면 양인은 보통 사람, 천민은 천한 사람을 뜻해. 사람이 아닌 물건 취급을 받았던 노비가 천민의 대명사지. 하지만 양인이라고 해서 모두 같은 사람은 아니었단다. 양인은 나라를 실질적으로 다스렸던 양반, 그들을 돕는 말단 관리였던 중인, 생산을 담당했던 상민으로 나뉘었지. 양인이라면 원칙적으로 모두 과거를 보고 벼슬에 오를 수도 있었지만 상민은 실질적으로 그럴 기회가 없었어. 양반들까지 먹여 살리느라 너무 힘들었거든.

혹 사극에서 이런 대사를 들어 본 적이 있니? "이놈! 반상의 법도가 지엄하거늘, 네놈이 감히 양반을 능멸하는 것이냐!" 양반이 상민에게 호통을 치면서 내뱉는 단골 대사야. 여기서 말하는 '반상의 법도'란 바로 양반과 상민을 구분하는 '반상제'를 가리켜.

양반이란 원래 '동반'과 '서반'을 합친 말이었어. 동반이란 왕의 오른쪽에 있던 문신들을, 서반은 왼쪽의 무신들을 가리켰지. 그러니 양반이란 문신과 무신들, 즉 벼슬아치들을 부르는 이름이었던 거야. 고려의 귀족은 태어나면서부터 귀족이었지만, 조선의 양반은 벼슬길에 올라야 양반이 되었던 거지. 하지만 '반상제'가 자리를 잡으면서 양반 또한 아버지가 자식에게 물려주는 신분이 되어 버렸단다. 이렇게 조선 시대의 신분은 양반, 중인, 상민, 천민의 넷으로 나뉘었고, 각 신분마다 하는 일이 달랐어. 남산골 한옥 마을에서 조선 시대 신분의 모습을 좀 더 자세히 살펴보기로 하자.

남산골 한옥 마을에서 조선 양반 집 구경

　남산골 한옥 마을에 있는 양반 집들 중에서 조선 말기 명성 황후의 친척이자 고위 관리였던 민영휘의 가옥을 둘러보자. 이 집은 원래 청계천 북쪽인 종로구 관훈동에 있었으니, 전형적인 북촌 양반 집이라고 할 수 있어.

　날렵하게 솟아오른 대문(그래서 '솟을대문'이라 불러.)을 들어서면 우선 사랑채가 보여. 사랑채는 집안의 바깥주인(남편)이 머물면서 주로 손님들을 접대하던 곳이야. 대나무와 난초가 그려진 수묵화 병풍 앞에 푹신한 방석과 등받이가 있고, 그 앞에는 보통 손님 자리가 마련되어 있지.

　사랑채 뒷문을 넘어서면 안채가 나와. 이름 그대로 안주인(아내)이 생활하던 곳이지. 실내 인테리어는 사랑채와 비슷한데, 병풍과 방석 등이 훨씬 더 화려해. 장롱 같은 가구도 보이고 말이야.

　이렇게 남성과 여성의 생활 공간이 따로 있는 것도 유교의 영향이야. 혹시 '남녀칠세부동석'이라는 말을 들어 봤어? 이건 유교 경전인 『예기』에 나오는 말로 '남녀가 일곱 살만 되면 같은 자리에 앉지 않는다.'는 뜻이지. 남녀가 함께 어울리는 일이 잦았던 고려와는 달리, 조선은 '남녀칠세부동석'의 원칙이 철저하게 지켜졌단다. 물론 상민이나 천민처럼 작은 초가집에 온 가족이 모여 살았던 경우에는 남녀 공간의 구분이 따로 없었지만 말이야.

양반 집 들여다보기

조선 전기 양반 남녀의 일생

이렇게 멋진 집에서 양반들은 어떻게 살았을까? 같은 양반이라도 성별에 따라 삶이 무척 달랐어.

> 양반은 과거를 통해 관리가 되어 나랏일에 참여할 수 있었다. 남자는 어릴 때부터 글공부를 하여 관리로 나가는 경우가 많았고, 여자도 글공부는 하였으나 관리가 될 수는 없었다. 양반집 여자들은 주로 집안 살림을 챙기고 자녀들을 교육하는 데 많은 노력을 기울였다.

조선 시대 남성 양반들의 최고 목표는 높은 벼슬에 오르는 거였어. 이를 위해서는 과거에 합격해야 하고, 그러기 위해서는 열심히 공부해야 했지.

조선 전기를 대표하는 학자이자 관리였던 율곡 이이 또한 이런 삶을 살았어. 1536년 태어나 신동 소리를 들으며 세 살 때 글을 깨치고 네 살부터는 본격적인 글공부를 시작했지. 열세 살 때에 과거 1차 시험에 장원 급제한 후, 어머니의 삼년상을 치른 뒤 다시 과거에 도전, 벼슬에 오르기까지 치른 아홉 번의 과거 시험에서 모두 장원 급제를 차지했어. 조선 역사상 전무후무한 기록이었지. 그 뒤로 출세를 거듭해 벼슬이 병조 판서에 이르렀단다.

오천 원권의 율곡 이이 초상(위)과
오만 원권의 신사임당 초상(아래)

율곡 이이가 조선 남성 양반의 대표라면 그의 어머니 신사임당은 조선 여성 양반의 대표라고 할 수 있을 거야. 학문뿐 아니라 시와 그림에도 뛰어났던 신사임당이었지만 벼슬길에 오를 수는 없었단다. 조선 시대 내내 여성은 과거 시험을 볼 수도, 관리가 될 수도 없었거든. 그 대신 신사임당은 집안 살림을 잘 이끌었을 뿐 아니라 아들 이이를 훌륭하게 키워 냈어.

그래도 신사임당이 살았던 조선 전기는 후기와 비교하면 여성의 지위가 높은 편이었어. 조선 전기 여성들은 고려 시대의 여성들과 비슷한 지위와 권리를 누릴 수 있었거든. 조선 전기에는 아들과 딸에게 재산을 고르게 나눠 주었고, 제사도 아들과 딸이 돌아가며 지냈어. 그리고 여자들은 결혼 후에도 오랫동안 남편과 함께 친정에서 살았지.

신사임당 또한 결혼 후 한동안 강릉의 친정에 머물렀어. 셋째 아들인 이이가 태어난 곳도 어머니의 친정집이었고. 또한 이이의 아버지가 돌아가신 후 작성된 분재기(재산 상속 문서)를 보면 아들과 딸에게 재산을 똑같이 나누어 준다는 내용이 나와. 하지만 이런 관행은 시간이 지날수록 여성에게 불리하게 바뀌었어. 조선 전기에는 재산도 똑같이 나누고 제사도 돌아가면서 지냈지만, 조선 중기를 지나 후기로 가면서 아들만 제사를 지내고 재산도 아들끼리만 나눠 갖게 되었단다.

양반도 안 부러운 조선 중인의 저택

다음은 중인에 대해 알아보자.

📖 중인은 양반과 상민의 중간 신분 계층이었다. 주로 양반을 도와 관청에서 일하는 사람, 의학이나 법률 등 전문직에 종사하는 사람 등이 있었다. 외국과 교류할 때 외국 사람과의 통역을 맡은 역관도 중인이었다.

양반을 도와 관청에서 일하는 사람은 서리 혹은 아전이라고 불렸어. 요즘으로 치면 말단 공무원이라고 할 수 있지. 지금의 의사는 의관, 법률가는 율관이라 불렀고. 이 밖에도 다양한 전문직에 종사했던 중인들이 있었단다. 요즘의 회계사에 해당하는 산원은 국가의 회계 업무를 보았고, 도화서에 소속된 화원들은 임금의 초상화나 국가의 중요한 행사들을 그림으로 남기기도 했지. 천문과 지리 전문가였던 음양관들은 중요한 국가 행사의 날짜를 잡거나 왕실의 무덤 위치를 정하기도 했어.

중인 중에서도 의관이나 역관의 경우에는 높은 벼슬을 받기도 했지만, 흔히 '사또'라 불리는 지방 수령을 도와 행정 업무를 하는 아전에게는 봉급도 주지 않았어. 그래서 지방 아전들은 백성들의 재산을 빼앗기 일쑤였지. 이렇게 같은 중인이라 해도 하는 일에 따라 처지가 달랐단다.

아까 둘러본 남산골 한옥 마을의 민영휘 가옥 바로 앞에는 도편수 이승업의 집이 있어. '도편수'란 조선 시대 목수들의 우두머리를 말해. 작은 집이야 목수가 지었지만, 궁궐이나 성곽 같은 큰 건물을 지을 때는 목수들을 지휘하는 도편수가 있어야 했지. 요즘으로 치면 건축가라고나 할까? 도편수는 의관이나 역관처럼 전형적인 전문직이고 중인들이 맡았지.

이승업 가옥은 지금까지 남아 있는 몇 안 되는 조선 시대 중인의 집이야. 거기다 이 집은 원래 청계천 바로 옆 삼각동에 있었으니, 조선 시대 중인들이 모여 살던 중촌 한복판에 있었던 셈이지.

솟을대문 뒤로 안채와 사랑채가 보이는군. 원래 솟을대문은 양

이승업 가옥

반 집에만 지을 수 있었는데, 조선 후기가 되면서 부유한 중인들의 집에도 지었다는구나. 집주인이 도편수라 그런지 집이 무척 짜임새 있게 지어진 것 같아. 전체 규모는 당대 고위층이었던 민영휘 가옥의 절반 정도밖에는 안 되지만 말이야. 물론 모든 중인들의 집이 양반 집 버금갈 정도로 크고 화려했던 것은 아냐. 가난한 중인들은 상민들의 집과 다를 바 없는 소박한 초가집에서 살았단다.

나라를 먹여 살린 조선 상민

이번에는 조선 사람들 중 가장 많은 숫자를 차지할 뿐 아니라 생산의 주역이었던 상민에 대해 알아보자.

📖 상민은 농업, 어업, 수공업, 상업 등에 종사하였다. 이들은 군대에 가서 나라를 지키고 세금을 냈다. 상민의 대부분은 농민이었다.

조선 시대에 백성이라고 하면 보통 상민을 가리켰어. 실질적인 생산은 모두 이들이 담당했고, 나라도 이들이 지켰고, 나라 살림의 원천이 되는 세금도 대부분 상민들의 주머니에서 나왔지. 땅 주인이었던 양반들이 부유한 생활을 할 수 있었던 것도 그 땅을 빌려 농사를 짓는 상민들이 생산물의 일부를 바쳤기 때문이야. 김홍도의 아래 풍속화를 보면 그러한 점을 잘 느낄 수 있지.

김홍도의 「기와 이기」(왼쪽)와 「벼 타작」(오른쪽)

상민의 대부분이 농민이었던 것은 조선 정부가 농업을 장려하고 상업과 수공업은 억제하는 정책을 폈기 때문이야. 국가 입장에서는 조금이라도 더 많은 식량을 생산하는 것이 중요했으니까. 하지만 조선 후기에는 경제가 발전하면서 상업과 수공업 또한 발달하게 된단다.

마지막으로 살펴볼 사람들은 사람 취급을 받지 못했던 천민들. 남산골 한옥 마을의 널따란 양반 저택에서 부지런히 일했던 노비들이 대표적인 천민이야. 이들 말고도 백정과 기생, 광대, 무당, 승려 등이 천민을 이루었지. 백정은 소나 돼지를 잡고 고기를 팔던 사람들이야. 고려 시대의 백정은 평민을 가리키는 말이었으니까 헷갈리지 말라고. 기생, 광대, 무당과 승려는 익숙한 직업이니까 설명을 생략할게.

지금까지 양반과 중인 가옥을 둘러보면서 조선 시대 신분 제도에 대해 살펴보았어. 상민이 살던 초가집을 못 봐서 아쉽다고? 이건 다음 시간에 가는 농업박물관에 잘 전시되어 있으니 그때 자세히 보기로 하자. 그때는 오늘 맛만 본 농민들의 생활에 대해서도 꼼꼼히 살펴볼 거니까. 그럼 오늘 수업은 여기까지!

다음 중 조선 시대 천민에 해당하지 않는 사람은?

① 소, 돼지를 잡는 남산골의 덕배.
② 절에서 부처님을 모시는 혜광 스님.
③ 시와 음악에 뛰어난 기생 황진이.
④ 궁궐 공사를 책임졌던 우두머리 목수 이승업.

정답 | ④번. 도편수는 중인 신분이었어.

 역사 현장 탐사

한옥에서 배우는 옛사람의 지혜, 남산골 한옥 마을

남산골 한옥 마을의 장독대

    남산골 한옥 마을은 우리 옛집의 정취를 느낄 수 있도록 전통 한옥 다섯 채를 옮겨 놓은 곳이야. 대부분 20세기 전후에 지은 집으로 우리 전통 가옥의 멋과 옛사람들의 집 짓는 지혜를 느낄 수 있어.
    한 채씩 살펴볼까? 아까 수업 시간에 잠깐 살펴본 이승업의 가옥은 건물의 중요도에 따라 지붕의 높낮이와 모양이 달라지는 것이 특색이야. 조선 말기에 경복궁 복원의 책임을 맡았던 도편수답게 집도 남다르지? 군대의 높은 벼슬인 우위장을 지냈던 김춘영의 가옥은 공간 활용의 지혜를 보여 줘. 대지의 모양에 맞추어 ㄱ자와 ㅡ자 모양의 건물들을 교묘하게 조합했거든. 관훈동 민씨 가옥과 옥인동 윤씨 가옥에서는 100여 년 전 최상류층 주택의 화려함을 느낄 수 있어. 규모부터 다른 집들보다 훨씬 크니까. 
    전통 한옥의 뒷마당에는 장독대가 있었어. 여기에 간장, 된장, 고추장, 장아찌, 김

치 등을 가득 담아 놓았지. 이런 음식들의 공통점은 뭘까? 맞아, 모두 발효 식품이라는 것. 음식을 발효시켜 먹음으로써 건강을 지킬 수 있었고, 냉장고 없이도 음식을 오래 보존할 수 있었지.

서울 각지에 있던 집들을 옮겨 왔지만 한옥만 덩그러니 있는 건 아냐. 우리 조상들이 즐겨 찾던 계곡과 연못을 전통 정원으로 복원해 놓았어. 정원이 좀 산만해 보인다고? 그럴지도 몰라. 우리 전통 정원은 일부러 깔끔하게 꾸미지 않았어. 우리 조상들은 주어진 자연을 최대한 살려서 정원을 만들었거든. 언뜻 보기에는 산만해 보일지도 모르지만 여기에는 자연의 순리를 존중하며 살아간 우리 조상들의 지혜가 담겨 있단다.

정원 건너편에 있는 서울 남산 국악당에서는 국악 공연뿐 아니라 다양한 체험 프로그램도 운영 중이지. 명절이면 남산골 한옥 마을의 너른 마당에서 펼쳐지는 국악 공연과 민속놀이도 빼놓을 수 없는 볼거리고 말이야.

남산골 한옥 마을의 전통 정원(위)과 국악 공연 모습(아래)

:: 알아 두기 ::

가는 길 지하철 3, 4호선 충무로역 3, 4번 출구로 나와 걸어서 5분.
관람 소요 시간 약 1시간.
휴관일 매주 월요일.
추천 코스 이승업 가옥부터 시작해 관훈동 민씨 가옥, 옥인동 윤씨 가옥 등을 둘러본 후 전통 정원인 청학지에 들러 보자.

9교시

봄, 여름, 가을, 겨울 조선 농민들의 생활

농업박물관

없는 것 빼고 다 있는 조선의 장터!

▍ 조선 시대 사람들은 대부분 농사를 지으며 생활했어. 그래서 사람들의 생활은 농사와 밀접한 관련을 지니고 있었지. 이번 시간에는 조선 시대 농사와 농민들의 생활에 대해 꼼꼼히 알아보기로 하자.

자, 모두 모였니? 그럼 오늘의 현장 수업을 시작해 볼까? 이곳 농업박물관에서는 우리나라 농업의 역사뿐 아니라 농민들의 생활을 살펴볼 수 있단다. 오늘 우리가 주로 둘러볼 곳은 2층에 있는 '농업생활관'이야. 여기서는 거의 대부분이 농민이었던 조선 시대 사람들의 생활 모습을 자세히 알 수 있거든.

모두 선생님을 따라서 들어가자. 우선 지난 시간에 남산골 한옥 마을에서는 못 본 농민들의 집을 먼저 볼까? 조선 시대의 상민들은 대부분 농민들이기도 했으니, 농민의 집은 상민의 집이기도 하단다. 21세기 서울 시내 한복판에서 조선 시대 초가집의 모습을 생생히 볼 수 있다니 대단하지? 요즘은 시골에 가도 이런 집을 찾아볼 수 없는데 말이야.

양반은 기와집, 농민은 초가집

지난번에 본 양반이나 중인의 가옥과 가장 다른 점이 뭐지? 지붕을 기와가 아니라 짚이나 갈대로 덮었다는 것. 조선 시대에 기와는 아주 비싼 물건이었거든. 그래서 대다수 농민들은 이렇게 짚이나 갈대를 엮어 지붕을 덮은 초가집에서 살았어.

평상이 있는 마당을 중심으로 안채와 바깥채가 나뉘어 있네. 안채의 건넌방에선 아낙네가 베틀에 앉아 옷감을 짜고 있고. 이렇게 짠 옷감으로 식구들 옷을 만들기도 하고, 필요한 물건을 사기도 했단다. 조선 시대에는 쌀이나 옷감이 마치 돈처럼 쓰였거든.

마당 건너편 바깥채는 외양간과 사랑방으로 이루어져 있네. 외양간에는 농가의 보물 1호인 황소가 여물을 먹고, 사랑방에서는 농부가 짚신을 삼고 있구나. 하루 종일 바깥에서 농사를 짓고 들어왔을 텐데, 농민들은 저녁에도 쉬지 못했어. 특히 집안일까지 책임져야 했던 여성의 경우에는 더욱 바빴지.

조선 시대 농민들의 일상은 이렇듯 농사와 집안일의 연속이었어. 물론 가장 중요한 것은 농사였고. 농사는 1년 단위로 이루어지는 작업이었지. 봄에 씨를 뿌리고, 여름에 가꾸고, 가을에 거두어들이고, 겨울에는 다음 해 농사를 준비하고…….

농업생활관에는 농촌의 사계를 충실히 재현해 놓은 작은 모형들이 있단다. 이걸 보면서 계절에 따른 농사와 농민들의 생활에 대해서 이야기해 보도록 하자.

외양간과 사랑방 모형

논밭의 사계, 농촌의 사계

추운 겨울이 가고, 땅이 녹기 시작하는 봄이 오면 농촌은 바빠지기 시작해. 모내기 준비를 해야 했거든. 근데 모내기가 뭐냐고? 모내기는 논에 모를 옮겨 심는 일이지. 그렇다면 모는? 벼의 어린 싹을 모라고 불러.

원래 어떤 작물을 수확하기 위해서는 땅에 직접 씨를 뿌리는 것이 보통이지. 벼농사도 처음에는 그랬어. 논에다 직접 볍씨를 뿌렸지. 그러다가 모판에 볍씨를 뿌려서 모를 어느 정도 키운 다음에, 논에 옮겨 심었어. 이걸 모내기법이라고 해. 한자로는 이앙법이라고 하지. 옮길 이(移), 모 앙(秧), 법 법(法). 왜 이렇게 번거로운 일을 했느냐고? 그러면 벼를 더 많이 수확할 수 있었거든. 모내기법은 고려 후기에 시작되어 조선 시대 동안 널리 퍼졌단다.

봄 논 모형

모내기를 하기 전에 쟁기로 논을 갈아 주는 '봄갈이'를 해야 했어. 그래야 땅이 부드러워지면서 영양분이 골고루 섞여 모가 잘 자랄 수 있었으니까. 봄갈이는 되도록 깊게, 여러 번 해야 효과가 좋았어. 힘든 일이기 때문에 주로 소를 이용했고.

　초여름이 되면 모내기를 했어. 그 전에 곱게 간 논에는 발목까지 찰랑찰랑 물을 채워 두었지. 모내기는 수십 가지의 벼농사 작업 중에서도 중요한 일 가운데 하나였어. 가장 좋은 시기에 빨리 해치워야 했지. 그래서 모내기는 마을 사람들이 모두 모여 논마다 돌아가면서 했단다. 이렇게 힘든 일을 서로 돌아가며 거들어 주는 것을 '품앗이'라고 불러. 농촌에서 품앗이를 위해 마을 단위로 '두레'를 조직해 농사일을 했어. 두렛일을 할 때는 흥겨운 농악을 울리고 그날 일한 논의 주인은 푸짐한 음식을 차려서 두레꾼들을 잘 먹였단다.

여름 논 모형

모내기가 끝나면 여름 내내 벼가 잘 자라도록 김매기를 했어. 김매기란 작물이 잘 자라도록 잡초를 뽑아 주는 일이야. 한여름 뙤약볕 아래의 김매기는 정말 힘든 작업이었지.

드디어 가을이야. 봄부터 여름까지 흘린 땀의 결실을 거두는 시기지. 이때는 논에 물을 빼야 해. 그래야 추수를 할 수 있으니까. 논에 물기가 마르고 벼가 완전히 익으면 낫으로 벼를 베었지. 이렇게 베어 낸 벼는 며칠간 논바닥에서 잘 말린 뒤에 단으로 묶어서 집으로 가져갔어. 집 마당에서 낱알을 떼어 내 가마니에 담았단다.

추수가 끝났다고 농사일이 모두 끝난 것은 아냐. 빈 논에는 보리나 밀을 심었어. 이때 심은 보리와 밀은 겨울을 이겨 내고 다음 해 모내기를 시작하기 전에 거둘 수 있었지. 모내기의 장점 중 하나는 이렇게 '이모작'을 할 수 있다는 점이야. 이모작은 같은 땅에서 종

가을 논 모형

류가 다른 농작물을 한 해에 두 번 심어 거두는 것을 말해. 그런데 논에 볍씨를 직접 심으면 보리를 재배할 수 없어. 왜냐고? 보리를 수확하기 전에 논에 볍씨를 뿌려야 했거든. 하지만 모판에 볍씨를 뿌리면 모가 자라는 동안 보리를 수확할 수 있고, 보리 수확이 끝난 다음 논에 모를 옮겨 심으면 되었지. 이렇게 해서 하나의 논에서 벼와 보리를 연이어 재배하는 이모작을 할 수 있었단다.

　겨울은 한 해의 농사를 마무리하고 쉬는 시간. 그래서 농촌에서는 겨울을 '농한기'라고 불렀어. 부모의 일터였던 논과 밭은 아이들의 놀이터이자 철새들의 보금자리로 변했지. 그렇다고 마냥 쉬었던 건 아냐. 땅을 기름지게 하는 거름을 뿌려 주기도 하고, 밀이나 보리를 심은 논밭에는 겨우내 얼어 죽지 않도록 짚이나 퇴비를 덮어 주기도 했단다.

겨울 논 모형

24절기를 찾아라!

지금까지 계절에 따른 농사일들을 살펴보았어. 여기서 질문 하나. '봄에 씨앗을 뿌린다.'고 했을 때, 몇 달 동안 계속되는 봄 중 언제 씨앗을 뿌리는 것이 가장 좋을까? 모내기는 여름 중 언제 시작하는 게 좋을까?

이걸 알기 위해 우리 조상들이 이용했던 것이 24절기야. 대체 24절기가 뭐냐고? 이제부터 차근히 설명해 줄게.

조선 시대 백성들의 일상생활에 기준이 되는 것은 음력이었어. 음력이란 달의 움직임에 따라 만든 달력이야. 달이 차고 기우는 모습을 보고 날짜를 계산한 것이지. 그러면 양력은? 태양의 움직임에 따라 만든 달력이지. 그런데 농사에서 중요한 것은 달일까, 태양일까? 당연히 태양이지. 농사는 계절의 변화에 따라 이루어지는 것이고, 계절이란 달이 아니라 태양의 움직임에 따라 결정되는 거니까.

그런데 옛날 사람들이 일상생활에서 날짜를 계산하는 데는 음력이 편리했어. 사람이 맨눈으로 태양의 움직임을 관찰하기는 어려우니까 말이야. 하지만 태양과 상관없는 음력은 농사에 아무런 도움이 안 되었지.

그래서 나온 것이 24절기야. 태양의 움직임에 따라 24절기를 정하고, 각 절기마다 해야 할 농사일들을 정해 놓은 거란다. 조선 후기에 지어진 「농가월령가」도 24절기에 따른 농사일들을 노래하고 있어.

주요 절기와 농사일

절기	날짜	농사일
입춘	봄의 시작, 동지와 춘분의 중간 날(2월 4일경)	농기구 손질하기, 봄 농사 준비하기
춘분	봄의 중간, 밤과 낮의 길이가 같은 날(3월 21일경)	논 갈기, 채소 심기
입하	여름의 시작, 춘분과 하지의 중간 날(5월 5일경)	모내기, 보리밭 김매기
하지	여름의 중간, 1년 중 낮의 길이가 가장 긴 날(6월 21일경)	보리 수확, 목화밭 김매기
입추	가을의 시작, 하지와 추분의 중간 날(8월 8일경)	논 김매기, 메밀 심기
추분	가을의 중간, 밤과 낮의 길이가 같은 날(9월 23일경)	추수, 가을보리 심기
입동	겨울의 시작, 추분과 동지의 중간 날(11월 8일경)	메주 만들기, 담장 고치기
동지	겨울의 중간, 1년 중 밤의 길이가 가장 긴 날(12월 22일경)	짚을 이용해 다양한 생활용품 만들기

24절기를 정하는 방법은 간단해. 겨울에는 해가 짧았다가 여름이 되면서 길어지잖아? 1년 중 해가 가장 짧은 날이 동지, 가장 긴 날이 하지야. 밤과 낮의 길이가 똑같은 날은 봄과 가을에 한 번씩 있는데 이를 춘분, 추분이라 부르고. 이렇게 네 개의 절기가 각 계절의 한가운데 날짜가 되는 거지. 그러면 봄이 시작하는 '입춘'은 동지와 춘분의 중간이 되는 거야. 이런 식으로 여름의 시작인 '입하', 가을의 시작인 '입추', 겨울의 시작인 '입동'을 정하고 그 사이에 나머지 절기들을 배치하면 24절기 완성!

농사가 끝이 아니야.

세시 풍속과 세시 음식

절기는 자연스럽게 세시 풍속으로 발전했어. 세시 풍속이란 해마다 그때가 되면 하는 행사들을 가리키는 말이야. 절기마다 알맞은 농사일을 할 뿐 아니라 다양한 놀이와 행사를 하고 그때 나는 농산물로 음식을 만들어 먹기도 했지.

이렇게 만들어 먹은 음식이 세시 음식이야. 이러한 세시 음식은 지방마다 조금씩 차이가 있었지만 다 같이 음식을 만들고, 나누어 먹으려는 마음은 같았어.

진달래꽃전과 삼계탕, 송편과 팥죽은 저마다 봄, 여름, 가을, 겨울을 대표하는 세시 음식이야. 이 중 팥죽은 24절기 중 하나인 동지에 먹는 음식이고, 송편은 명절인 추석에 먹는 음식이지. 가만, 그런데 추석은 음력 8월 15일이잖아? 24절기는 태양의 움직임에 따른 것(양력)이고 명절은 음력에 맞춰 지내는 것이니, 세시 풍속은 양력과 음력을 아울러 지내는 것이로구나.

이쯤에서 다시 농업박물관을 둘러보자. 논과 밭의 사계절을 재현한 전시물을 지나면 커다란 나무 아래 돼지머리를 비롯한 각종 음식을 차려 놓은 제사상이 보여. 그 옆에는 솟대와 장승이 서 있고. 솟대와 장승이 뭐냐고? 마을의 안전을 기원하고 풍요로운 수확을 바라는 마음을 담아 마을 입구에 세워 둔 푯말이야.

나무 기둥을 깎아 사람 얼굴을 표현한 기둥이 보이지? 그게 바로 장승이야. 솟대는 장대 위에 나무로 만든 새를 올려 둔 것을 말하지. 조선 시대의 마을들에는 장승과 솟대가 입구에서 마을을 지키고 있었단다. 마을 중심에 있는 큰 나무에서는 마을의 안전과 풍년을 기원하는 제사를 지내기도 했지.

마을 제사에는 으레 여러 가지 놀이가 따랐어. 조선 시대 사람들은 어떤 놀이를 즐겼는지 한번 살펴볼까?

잘 좀 봐주세요.

장승

놀이는 조선 시대 농민들의 삶의 중요한 일부였어. 농민들은 줄다리기, 고싸움놀이, 연날리기, 강강술래, 씨름 등 다양한 민속놀이를 즐겼지. 이러한 민속놀이는 수많은 마을 사람들이 참여한 가운데 펼쳐졌어.

민속놀이 가운데 줄다리기와 씨름은 지금도 학교 운동회에서 자주 하는 놀이야. 연날리기도 학교에서 한두 번쯤 해 본 적이 있을 테지?

강강술래는 아마 추석 즈음에 텔레비전에서 본 적이 있을 거야. 한복을 입은 여러 명의 여자들이 둥글게 손을 잡고 '강강술래'라는 가사의 노래에 맞춰 빙글빙글 도는 것이 바로 강강술래야. 이 놀이는 임진왜란 때 이순신 장군이 군인 숫자를 많게 보이도록 하기 위해 여자들에게 남장을 하고 빙빙 돌게 한 데서 유래했다는 이야기도 있어.

고싸움놀이는 새끼줄로 거대한 바늘귀 같은 모양의 '고'를 만든 다음, 그 위에 올라탄 사람의 지휘 아래 고끼리 싸움을 벌여 상대방의 고를 땅에 먼저 닿게 한 팀이 이기는 놀이야. 후백제 시대 왕건과 견훤의 전투를 본떠서 만든 놀이라는 이야기도 전해 와. 대부분의 민속놀이는 마을 제사처럼 마을의 안전과 풍년을 기원하는 뜻을 담고 있단다.

다음 중 조선 시대 농민들의 생활을 묘사한 설명으로 잘못된 것은?

① 봄이 오면 진달래꽃전을 부쳐 먹고 모내기 준비를 했다.
② 여름에는 삼계탕으로 몸보신하고 보리 수확을 했다.
③ 추석에는 송편을 먹고 가을걷이를 했다.
④ 겨울에는 떡국 먹고 다음 해 농사 준비로 눈코 뜰 새 없이 바빴다.

정답 | ④번. 요즘에는 농촌이 겨울에도 바쁘지만, 조선 시대에는 크게 바쁘지 않았어.

양반 따로 상민 따로, 남자 따로 여자 따로

지금까지 살펴본 것은 주로 마을 사람들이 모두 모여 단체로 하던 놀이였으니, 이제부터는 여가 시간에 사람들이 삼삼오오 모여 즐기던 놀이를 알아볼까?

우선 알아야 할 것은 조선 시대 사람들은 신분과 성별에 따라 여가 생활이 달랐다는 사실! 예를 들어 양반 남자는 시 짓기, 활쏘기, 바둑, 장기 등의 놀이를 즐겼고, 양반 여자는 수를 놓거나 책을 읽으면서 여가를 보냈어. 이 중에서도 시 짓기와 활쏘기는 양반들의 대표 놀이였어. 궁중에서도 왕과 신하들이 어울려 시를 짓거나 활쏘기 시합을 즐길 정도였으니까. 바깥출입이 자유롭지 않았던 여자들은 수놓기나 책 읽기처럼 혼자 할 수 있는 일을 즐겼던 거고.

상민들은 여가 시간이 많지 않았어. 다만 농사가 한가해지는 겨

김홍도의 「활쏘기」(왼쪽)와 「고누 놀이」(오른쪽)

울이나 명절에 씨름, 윷놀이, 고누 등의 놀이를 즐겼단다. 씨름이나 윷놀이는 잘 알 거고, 고누에 대해 조금 더 설명을 해 줄게. 상민들이 주로 즐겼던 고누는 언제 어디서나 즐길 수 있는 단순한 놀이였어. 기본적인 원리는 장기와 비슷한데 그보다 훨씬 단순한 판 위에 각자 네 개씩의 말을 움직여 승부를 갈랐지.

고누처럼 몇몇이 둘러앉아 하는 '승경도놀이'라는 것도 있었어. 주로 양반들이 즐긴 놀이지. 우선 낮은 벼슬부터 높은 벼슬까지 조선 시대 벼슬 이름을 잔뜩 적어 놓은 말판을 만들어. 그 위에 각자의 말을 놓고 주사위 역할을 하는 '윤목'을 던져서 말을 움직여 가장 먼저 출세하는 사람이 이기는 놀이였지. 놀이도 하고 벼슬 이름도 익히고 출세에 대한 꿈도 키웠으니 일석삼조라고 할 만하군.

 **윷놀이에 담긴 이야기**

지금도 즐기는 윷놀이는 삼국 시대 이전부터 우리 조상들이 즐겼던 놀이야. 역사가 오래된 만큼 윷놀이에는 재미있는 이야기가 담겨 있단다. 우선 '도' '개' '걸' '윷' '모'라는 이름은 저마다 동물을 뜻해. 도는 돼지, 개는 개, 걸은 양, 윷은 소, 모는 말이야. 윷판에는 모두 스물아홉 개의 점이 있는데, 한가운데에 있는 점은 계절이 변해도 항상 그 자리에서 움직이지 않는 북극성을 가리켜. 나머지 스물여덟 개의 점은 북극성을 중심으로 모여 있는 스물여덟 개의 별자리를 나타낸단다. 가축들이 별자리를 옮겨 다니며 승부를 가르다니, 윷놀이는 정말 멋진 놀이구나!

역사 현장답사

농사를 알면 역사가 보인다, 농업박물관

농업박물관 외관

농업박물관은 농협중앙회에서 만들고 운영하는 박물관이야. 시내 한복판, 꽤 넓은 전시 공간에 우리나라 농업의 역사와 옛 농촌 생활의 모든 것을 보여 주고 있지. 농업과 농사에 대해 아는 것은 우리 역사를 이해하는 데 꼭 필요한 일이야. 산업화 이전의 우리 역사는 언제나 농업이 그 바탕을 이루고 있었으니까. 그러니 우리 역사를 알기 위해서는 반드시 농업박물관을 둘러봐야 한단다.

선사 시대부터 근현대에 이르는 농업의 역사를 시대순으로 전시하고 있는 '농업역사관'은 다양한 전시물뿐 아니라 풍부한 영상 자료와 생동감 있는 전시가 돋보여. 예를 들어 신석기 시대의 경우, 농사를 짓는 장면뿐 아니라 조, 기장, 피, 보리 등 그 시기에 주로 재배했던 작물들을 실제로 볼 수 있도록 해 놓았어. 청동기 시대에 접어들면 사람들이 본격적으로 벼농사를 짓고 마을을 이루어 살았다는 걸 알 수 있어.

당시의 논과 밭을 모형으로 재현해 놓았거든. 그리고 삼국 시대에 대규모로 만들어진 수리 시설은 제작 과정까지 생생하게 볼 수 있어. 수리 시설이 뭐냐고? 인공으로 만든 저수지 같은 것을 말하는데, 평소에 물을 채워 놓았다가 가뭄이 들면 수문을 열어 논밭에 물을 공급하는 시설이야.

옛 농촌의 들판과 주택, 장터 등의 모습을 생생하게 재현해 놓은 '농업생활관'은 그대로 생활사 박물관이야. 아까 수업 시간에

청동기 시대의 민무늬 토기

모내기법을 재현한 모습

남태

물레

　살펴본 전통 농가의 모습이나 논과 밭의 사계절 말고도 다양한 전시물들이 기다리고 있지. 전통 장터에서는 곡식이나 채소뿐 아니라 농가에서 생산한 생활필수품들을 사고파는 모습을 볼 수 있단다.
　지금은 역사책에 이름으로만 남은 전통 농기구들을 실물로 볼 수 있는 것도 장점이야. 소의 목에 멍에를 걸어 논과 밭을 갈던 쟁기, 도깨비방망이 같은 나무로 흙덩이를 부수는 도구인 남태, 솜에서 실을 자아내는 기구인 물레 등을 실물로 볼 수 있어. 이런 것들을 통해서 농업의 역사뿐 아니라 우리 조상들의 지혜까지도 같이 볼 수 있단다.

:: 알아 두기 ::

가는 길 지하철 5호선 서대문역 5번 출구로 나와 걸어서 3분이면 도착!

관람 소요 시간 약 2시간.

휴관일 매주 월요일, 설·추석 연휴, 1월 1일, 근로자의 날, 법정 공휴일.

추천 코스 1층 농업역사관에서 선사 시대부터 지금까지의 농업 역사를 알아보고, 2층의 농업생활관에서 조선 시대 농민들의 생활을 살펴보자.

1592년 — 임진왜란이 일어나다

1593년 — 전쟁을 잠시 중단하고 명나라와
일본이 휴전 협상을 진행하다

1597년 — 일본이 다시 전쟁을 일으키다
(정유재란)

1598년 — 노량 해전을 끝으로
일본군이 완전히 물러가다

1623년 — 광해군이 폐위되고 인조가
왕위에 오르다

1636년 — 병자호란이 일어나다

1637년 — 인조가 삼전도에서
청나라 황제에게 항복하다

4부

임진왜란과 병자호란

10교시 | **조선, 일본, 명나라를 휩쓴 임진왜란** _통영 한산도
11교시 | **조선의 왕이 무릎을 꿇다, 병자호란** _남한산성

10교시
조선, 일본, 명나라를 휩쓴 임진왜란

통영 한산도

한산도

거북선 모형

조선은 내가 지킨다!

> 태조 이성계가 새로운 나라를 세우고 200년이 흐르는 동안 조선은 평화로운 시절을 보냈어. 고려 때 거란, 몽골, 홍건적이 쳐들어왔던 것과 비교해 보면 조선 시대에는 오랜 시간 평화를 유지했지. 하지만 조선도 외적의 침략을 피해 가진 못했어. 이번에는 북쪽이 아니라 남쪽의 적들이 우리나라를 침략했단다.

오늘 수업은 오랜만에 멋진 시조 한 수로 시작해 볼까?

한산섬 달 밝은 밤에 수루에 홀로 앉아
큰 칼 옆에 차고 깊은 시름 하는 차에
어디서 일성 호가는 남의 애를 끊나니.

뭔가 고독한 분위기, 고뇌하는 장군의 모습이 느껴지지 않아? 여기서 한산섬은 통영에 있는 한산도를 말해. 오늘 수업은 아름다운 통영의 한산도에서 할 거야. 이곳은 임진왜란 당시 조선군과 일본군이 격전을 벌인 역사의 현장이거든. 그렇다면 이 시조를 지은이는? 바로 이순신 장군! 이 작품은 장군이 임진왜란 동안 쓴 『난중

일기』에 나와. 여기서 '일성호가'란 한 곡조의 피리 소리를 말하지. 수루는? 적군의 동정을 살피기 위해 성 위에 만든 누각을 뜻해. 한산섬의 수루는 조선을 침략한 왜군을 살피기 위해 지은 것이었어. 임진왜란 당시 이곳에는 지금의 해군 사령부에 해당하는 삼도 수군통제영이 있었거든. 이순신 장군은 오늘날 해군 사령관과 비슷한 직책인 삼도 수군통제사를 맡고 있었고. 삼도, 그러니까 경상도, 전라도, 충청도 수군을 총지휘하는 책임자였지.

　아래 사진 왼쪽에 보이는 제승당은 삼도 수군을 지휘하던 본부였어. 그 옆에 있는 작은 누각이 수루고. 이곳 앞바다에서 벌어진 한산도 대첩에서 이순신 장군은 왜군에게 큰 승리를 거두었어. 왜군은 이 전투에서 60척 가까운 군함을 잃고 1만 명 가까운 사상자를 내었지. 한산도 대첩은 고구려 을지문덕의 살수 대첩, 고려 강감찬의 귀주 대첩과 함께 우리 역사의 3대 대첩이라 불린단다.

제승당과 수루

'침략한다' 대 '아니다', 누구 말이 맞는 거야?

그럼 지금부터 임진왜란에 대해서 본격적으로 알아볼까? '임진왜란'이란 '임진년(1592년)에 왜적(일본)이 일으킨 난리(전쟁)'라는 뜻이야.

 조선이 세워지고 200년이 지났을 때, 조선은 일본과 7년에 걸쳐 전쟁을 벌였다. 이것이 임진왜란이다.

7년이라고? 맞아. 일본은 1592년 조선을 침략했지만 이듬해에 휴전을 하고 전쟁을 끝내기 위한 협상을 벌였어. 하지만 몇 년을 끌던 협상은 결국 결렬되었고, 일본군은 1597년에 다시 쳐들어왔지. 그러니까 임진왜란은 일본이 7년 동안 두 차례에 걸쳐 조선에 침입한 전쟁을 말해. 임진왜란을 제대로 알기 위해선 먼저 전쟁이 일어나기 이전의 상황부터 살펴봐야 해.

 일본의 내란을 수습하고 새로운 지배자가 된 도요토미 히데요시는 막강한 군사력을 가진 지방 세력가들의 힘을 모아 대륙을 침략하려 하였다. 조선은 200여 년 동안 큰 전쟁 없이 평화로운 시기를 보내면서 군사 조직과 전투력이 약해져 있었고, 일본군의 침략에 미리 대비하지 못하였다.

혹시 율곡 이이가 누군지 기억하니? 신사임당의 아들이자 과거에만 아홉 번 장원 급제했다는 조선의 공부왕. 임진왜란이 일어나기 9년 전, 이이는 나라의 국방을 책임지는 병조 판서였어. 이이는 외적의 침략에 대비해 10만 명의 군사를 길러야 한다는 '십만 양병설'을 조정에 건의했지만 받아들여지지 않았어. 왜냐고? 조선이 세워지고 200년이 가깝도록 평화가 계속되고 있었거든. 거기다 조선의 기초를 이루고 있던 유교는 무력이 아닌 도덕을 강조했어. 문신들은 새로 병사를 키우려면 백성의 부담이 커진다는 이유를 들어 이이의 주장을 반대했지. 하지만 이이가 진짜 십만 양병설을 주장했는지 의심하는 학자도 많아. 기록이 남아 있긴 하지만 확실치 않다는 거지. 아무튼 당시 조선이 국방을 소홀히 했다는 것만은 확실한 것 같아.

그런데 마침 그 무렵 일본에서는 도요토미 히데요시가 분열되어

전쟁을 거듭하던 나라를 통일했어. 도요토미는 내친김에 명나라를 침략하려고 마음먹었지. 이제 일본에는 자신을 상대할 적이 없었으니까. 더구나 할 일이 없어진 군대는 반란을 일으킬지도 모르니, 나라 밖으로 원정을 보내는 것이 더 낫다고 생각했어. 그의 군대에는 원래는 적이었다가 항복한 세력들이 많았거든.

명나라를 치기 위해서는 먼저 조선을 굴복시켜야 했어. 명나라로 가는 길목에 조선이 있었으니까. 그래서 당시 조선의 왕이었던 선조에게 사신을 보내서 예의를 갖출 것을 요구했던 거야. 말이 예의를 갖추라는 것이지 사실은 일본에 굴복하라는 요구나 다름없었어.

도요토미 히데요시

일본의 태도에 불안해진 선조는 황윤길과 김성일을 일본에 사신으로 보내 상황을 확인해 보라고 했어. 하지만 일본에서 돌아온 두 사신의 의견은 각각 달랐지. 황윤길은 일본이 조만간 쳐들어올 것이라고 했고, 김성일은 그럴 리 없다고 했어. 어째 이런 일이? 기록에 따르면 김성일은 전쟁이 일어날지도 모른다는 소문 때문에 민심이 불안해지는 것을 막기 위해 이렇게 이야기했다고 해. 그렇다면 선조의 선택은? 김성일의 말이 옳다고 생각했지. 아마 선조도 민심이 흉흉해지는 것을 걱정해서 그랬을지도 몰라.

황윤길과 김성일의 의견이 서로 달랐던 것은 그들이 속한 붕당(이념과 이해에 따라 이루어진 사림의 집단)이 서로 다르기 때문이기도 했어. 황윤길은 서인, 김성일은 동인이라는 붕당에 속해 있었고, 당시 동인과 서인은 사사건건 다투고 있었거든. 불행히도 당시에는 동인이 더 힘이 세었고, 선조는 동인의 말을 더 신뢰했지. 더구나 선조가 일본에 사신을 보낸 것이 너무 늦었고, 역모 사건이 일어나는 바람에 전쟁 준비를 하고 싶어도 하기 힘든 상황이었어.

23전 23승, 조선 수군의 비결

일본을 방문한 사신들이 별 성과 없이 돌아오고 1년 뒤, 드디어 올 것이 왔어. 일본의 15만 대군이 조선을 침공한 거야. 전혀 준비가 없었던 조선은 일방적으로 패배할 수밖에 없었지. 일본군은 부산에 침입한 지 18일 만에 한양을 점령했고, 평양을 거쳐 함경도까지 침략했어. 조선 시대에 한양에서 부산까지 걸어서 보름이 걸렸다는데, 18일 만이라니! 이건 거의 아무 저항도 받지 않고 올라온 것과 마찬가지였지.

물론 목숨을 걸고 싸운 군사들도 많았어. 하지만 포르투갈에서 들어온 최신 무기인 조총으로 무장하고, 이미 오래전부터 첩자들을 보내 조선의 지리와 정보를 손바닥처럼 알고 있던 일본군의 상대가 되지는 못했단다. 더구나 이들은 일본 안에서 수많은 전쟁을 치르면서 단련된 군사들이었거든.

변곤의 「동래부 순절도」

당시 조선 제일의 명장으로 손꼽히던 신립 장군을 비롯한 수많은 병사들이 일본군과의 전투에서 목숨을 잃었어. 조선의 왕이었던 선조는 신하들과 같이 북쪽으로 피란을 떠났고.

조선의 운명이 바람 앞의 등불이 되었을 때, 이순신이 이끄는 수군이 옥포에서 첫 승리를 거둬. 이 승리는 사천과 한산도, 부산포 등으로 이어지면서 결국 이순신의 수군은 임진왜란이 끝날 때까지 23전 23승이라는 기적 같은 신화를 만들게 된단다. 대체 어떻게 이런 일이 가능했을까?

 임진왜란 때 전라 좌수사였던 이순신은 식량을 저장해 두고 군함을 갖추며 무기를 보강하는 등 외부의 공격에 미리 대비하고 있었다.

가장 중요한 승리 요인은 철저한 준비였어. 임진왜란 1년 전에 전라도 절반의 수군을 책임지는 전라 좌수사에 임명된 이순신은 전쟁 대비에 온 힘을 다했어. 그 결과 조선 수군의 전력은 일본을 크게 앞질렀지.

그 증거가 바로 제승당 안에 놓여 있는 화포들이야. 화포란 오늘날로 치면 대포 같은 무기지. 일본 수군의 주력 무기는 육군과 마찬가지로 조총이었어. 화포는 멀리 있는 배도 침몰시켰지만, 조총의 총알은 적군의 배까지 날아가지는 못했어. 조금 더 다가가 조총을 쏜다 하더라도 조선 배에는 작은 상처만 낼 뿐이었고.

화포

게다가 당시 조선의 주력 군함이었던 판옥선은 아주 두꺼운 나무로 만들어졌어. 판옥선에다 철갑을 두른 거북선은 더 말할 것도 없었지. 튼튼할 뿐만 아니라 규모도 커서 많은 군사를 실을 수 있었어. 한마디로 일본 배에 비해 전투 능력이 뛰어났다고 말할 수 있지.

또한 이순신 장군은 새로운 전술을 개발하고 군사들을 철저히 훈련시켰어. 대표적인 전법은 학이 날개를 편 듯이 군함을 배치한 학익진이었어. 이 학익진으로 일본 수군을 포위한 후 화포를 퍼부어 승리했던 거야. 이렇게 철저한 대비, 우수한 화포와 군함, 뛰어난 전술로 연전연승이 가능했던 거란다.

전쟁기념관에 전시되어 있는 거북선 모형

양반에서 천민까지 의병을 일으키다

전쟁 초반에 조선에 절대 불리했던 전세는 이순신과 수군의 활약으로 점차 바뀌기 시작해. 북쪽까지 진출한 일본군의 보급로(전쟁에 필요한 군인, 무기, 식량 따위를 나르기 위한 길)가 끊어진 셈이니까. 게다가 전국 각지에서 의병이 일어나면서 전세는 조선에 유리하게 바뀌었어. 의병이란 이름 그대로 의로운 병사야. 정식 군대인 관군은 아니었지만 자발적으로 일본군과 싸운 백성들을 가리키지.

> 의병은 양반에서 천민에 이르기까지 신분이 다양하였고, 그 지역에서 이름 높은 양반이 의병장을 맡았다. 정식으로 훈련받은 군사들은 아니었지만, 나라를 구하고자 하는 마음으로 전국 각지에서 일어난 의병은 관군과 협력하여 진주성과 행주산성에서 큰 승리를 이끌어 내기도 하였다.

의병의 활약에 대해서는 179쪽의 지도를 보면서 설명해 줄게. 최초로 의병을 일으킨 사람은 곽재우였어. 늘 붉은 갑옷을 입고 백마를 타고 다녀서 '홍의 장군'이라는 별명이 붙었지. 지도 남쪽에 의령이라는 지명이 보이지? 고향인 경상도 의령에서 학문에 열중하던 곽재우는 임진왜란이 일어나자 자신의 노비와 지방의 농민들로 의병을 조직해 여러 차례 일본군에게 승리를 거두었단다.

의령 아래에는 진주가 있어. 이곳에서 김시민 장군은 4천 명이 안 되는 병력으로 일본군 3만 명의 공격을 막아 냈어. 단순히 막아 낸 정도가 아니라 적군 1만 명을 죽였을 만큼 대승이었지. 성 밖에서 곽재우의 의병이 합세했고, 성안의 백성들도 힘을 합쳐 싸웠기 때문에 가능한 일이었지.

진주 왼쪽의 나주에서는 김천일, 담양에서는 고경명, 금산에서는 조헌 등이 의병을 이끌고 열심히 싸웠어. 이 중 조헌은 700명의 의병을 이끌고 마지막 한 사람이 죽을 때까지 용감히 싸웠지. 결국 조헌을 비롯한 의병들은 모두 전사해서 한곳에 묻혔는데, 충청남도 금산에 '칠백의총'이라는 이름으로 무덤이 남아 있단다.

한강 하류에 있는 행주산성에서도 권율 장군의 지휘 아래 관군과 의병, 백성들 3천여 명이 힘을 합쳐 일본군 3만여 명의 공격을 막아 냈어. 이때 성안의 여자들이 옷 위에 짧은 치마를 덧입고 거기다 돌을 날라서 일본군을 공격했다는 이야기도 전해져 와. 여자들까지 하나가 되어 일본군을 물리친 거지. 진주성과 행주산성에서 거둔 큰 승리는 이순신의 한산도 대첩과 함께 '임진왜란 3대 대첩'으로 불린단다.

지도에서 북쪽에 묘향산이 보이지? 여기는 승려였던 서산 대사가 의병을 일으킨 곳이야. 원래 승려들은 나라가 어려움에 빠졌을 때마다 자발적으로 일어나 외적들과 싸웠어. 이들을 '승병'이라고 불렀지. 임진왜란 때도 많은 승병들이 나라를 위해 싸웠는데, 그중 서산 대사와 그 제자인 사명당이 가장 유명해. 서산 대사는 묘향산, 사명당은 금강산을 근거지로 삼고 의병을 일으켰단다.

금강산 위쪽, 함경도의 길주에서는 문신이었던 정문부가 의병을 일으켰어.

의병과 관군의 활약

- 명
- 백두산
- 회령
- 서산 대사
- 갑산
- 삼수
- 길주
- 정문부
- 묘향산
- 의주
- 평양
- 조선
- 사명당
- 금강산
- 권율
- 행주산성
- 한양
- 신립
- 충주
- 상주
- 옥천
- 의령
- 경주
- 곽재우
- 부산포
- 나주
- 진주
- 김시민
- 한산도
- 명량
- 공격
- 일본

금강산 아래쪽 충청도 충주에 신립이라는 이름이 보이지? 신립은 아까 잠깐 나왔던 이름인데, 기억하니? 맞아. 임진왜란 당시 조선 제일의 명장으로 불렸으나, 일본군과 싸우다 목숨을 잃었다고 했지. 신립은 그 전에 여진족과의 싸움에서 크게 승리하면서 조선을 대표하는 장군이 되었단다. 하지만 충주에서 일본군과 싸우다 전사했고, 그만을 믿었던 선조는 한양을 버리고 북쪽으로 피란을 떠나게 되지.

임진왜란 당시의 의병장과 그 활약상을 바르게 연결해 봐.

① 곽재우   ㉠ 금산에서 700명의 의병들과 함께 용감히 싸웠다.
② 김시민   ㉡ 금강산에서 승려들을 모아 승병을 일으켰다.
③ 조헌   ㉢ 늘 붉은 옷을 입어 '홍의 장군'이라 불렸다.
④ 사명당   ㉣ 진주에서 4천여 명의 의병으로 3만 일본군을 물리쳤다.

정답 | ①-㉢, ②-㉣, ③-㉠, ④-㉡

13 대 130, 기적 같은 승리

선조는 중국과 국경을 이루던 의주까지 피란을 갔어. 그곳에서 명나라에 군사를 보내 달라고 요청했어. 애초 일본의 계획이 '조선을 굴복시키고 명나라를 친다.'는 것이었으니까, 까딱하다가는 명나라도 위험해질 수 있었어. 그래서 명나라는 조선에 5만 명의 군사를 보냈지.

이순신의 연전연승과 의병들의 활약, 여기에 명나라 지원군까지 합세하니 일본은 견디지 못하고 휴전을 제의해. 조선 정부는 휴전을 반대했지만 명나라는 이를 받아들여 협상을 시작하지. 사실 명나라 입장에서는 일본군이 명나라를 침략하지만 않으면 되는 거니까. 조선은 명나라를 큰 나라로 섬기고 있었기 때문에 휴전 협상에 참여하지 못하고 지켜볼 수밖에 없었어.

하지만 4년 이상이나 이어졌던 협상은 별다른 성과 없이 끝나고 말았어. 그러자 일본군은 또다시 침입을 해 왔지. 이 두 번째 전쟁은 정유년(1597년)에 일어났다고 해서 '정유재란'이라고도 불러.

이렇게 전쟁이 계속되는 동안 가장 고통받은 것은 누구였을까? 두말할 것도 없이 백성들이었어. 우선 휴전 협상 기간 동안에도 조선 백성은 큰 고통을 겪었단다. 아니, 전쟁이 멈췄는데 웬 고통이냐고? 전쟁이 오랜 기간 동안 계속되면서 땅이 거칠고 메마르게 되어 농사를 짓기가 힘들어졌어. 농사지을 사람도 부족하니 흉년이 계속되었지. 사람들은 먹을 것이 부족해 굶주리기 일쑤였고, 영양이 부족하니 전염병도 기승을 부렸어.

거기다 여전히 조선 땅에 머물러 있던 일본군뿐 아니라 명나라 군사도 백성들을 괴롭혔어. 오죽했으면 '왜군은 얼레빗, 명군은 참빗'이라는 말까지 나왔을까. 얼레빗은 듬성듬성한 머리빗이고 참빗은 촘촘한 빗이야. 명나라 군사들이 일본군보다 훨씬 더 가혹하게 빼앗아 갔기 때문에 나온 말이란다.

다시 전쟁을 시작하기 전에 일본군은 철저히 준비를 했어. 더구나 이순신 장군은 억울한 누명을 쓰고 백의종군하게 되었지.

'백의종군'이 뭐냐고? 백의종군이란 잘못을 저지른 장군의 지위를 빼앗아 일개 졸병으로 만드는 거야. 평소 이순신 장군을 시기하던 무리들이 모함을 했는데, 여기에는 일본군의 책략도 한몫했다고 해. 결국 이순신은 누명을 쓰고 사형을 당할 뻔했다가 겨우 살아났단다.

이순신의 뒤를 이어 삼도 수군통제사에 오른 사람은 원균이었어. 그도 용감한 장군이기는 했지만 지혜가 모자랐어. 빨리, 큰 승리를 거둬야 한다는 생각에 무리하게 일본군과 전투를 벌이다 제대로 싸워 보지도 못하고 크게 패했지. 자신도 전사했을 뿐 아니라 그때까지 이순신이 키워 놓은 조선 수군 전력이 거의 다 파괴되고 말아. 100여 척이 넘었던 전함 중 남은 것은 겨우 12척뿐.

일본군은 지난번과는 달리 바다를 통해 충분히 보급로를 확보하면서 육지로 진격할 수 있었고, 그 결과 충청도 부근까지 공격해 왔어. 조선 정부는 부랴부랴 이순신을 다시 복귀시켰지만, 가망이 없는 수군은 포기하고 육군을 지휘할 것을 명령했어. 그때 이순신 장군은 다음과 같은 보고를 올렸단다.

지금 신에게는 아직도 12척의 전선이 있습니다.
죽을힘을 다하여 싸우면 적의 진격을 저지할 수 있을 것입니다.
비록 저의 전선 수가 적다고 하나
보잘것없는 신이 아직 죽지 않은 한
적이 감히 우리를 업신여기지는 못할 것입니다.

명량해전도

　　당시 일본 수군이 갖고 있던 전함은 모두 300여 척. 조선 수군은 12척에 판옥선 1척이 더해져 13척. 도무지 상대가 될 것 같지 않은 두 나라의 수군은 전라남도 진도에 있는 울돌목(명량 해협)이라는 곳에서 마주쳤어. 드디어 전투 시작. 일본 진영에서는 130여 척의 전함이 출동했어. 우리보다 열 배나 많은 숫자야. 다행히 울돌목은 물살이 빠르고 좁은 해협이어서 일본의 많은 전함이 한꺼번에 공격할 수는 없었지. 치열한 전투를 벌이고 있는데 마침 조선 수군 쪽으로 흐르던 바닷물이 일본 진영 쪽으로 흐르기 시작해. 물론 이순신 장군은 이것까지 다 계산에 넣고 이곳을 전쟁터로 고른 것이었단다. 조선 수군은 이 기회를 놓치지 않고 화포를 쏘며 공격해서 수십 척의 적선을 침몰시켰어. 마침내 일본 수군은 도망가기 시작했지. 13척의 조선 수군이 130여 척의 일본 수군을 맞아 기적 같은 승리를 거둔 거야. 이 전투를 '명량 해전'이라고 해.

  이 승리를 통해 전세는 조선에 유리해졌어. 게다가 명나라가 다시 대규모 군대를 파병하면서 일본군은 더욱 불리해졌지. 이런 와중에 임진왜란을 일으켰던 도요토미 히데요시가 병으로 죽자, 마침내 일본군은 철수하고 7년간의 전쟁은 끝이 났단다.

조선과 일본, 중국을 모두 바꾼 임진왜란

자, 이쯤에서 책을 덮고 제승당 주변을 둘러볼까? 제승당 뒤편의 한산정은 이순신 장군과 군인들이 활쏘기를 하던 곳이야. 건너편 언덕에 까마득히 보이는 과녁은 145미터나 떨어져 있대. 이 정도 거리에서 저렇게 조그만 과녁을 맞힐 수 있다면 전쟁에서도 백발백중의 명사수가 되었겠구나.

한산정에서 안쪽으로 조금 더 들어가면 충무사가 나와. 이곳은 이순신 장군의 제사를 지내는 사당이란다. 이순신 장군은 철수하는 일본군을 끝까지 무찔렀지만 안타깝게도 왜군의 총탄을 맞고 죽었어. 마지막 유언은 "적들에게 내 죽음을 알리지 말라."였지. 자신의 죽음이 알려져 군사들의 사기가 떨어질까 봐 그랬던 거야. 이

한산정

전투에서 조선 수군은 승리를 거두었고, 왜군은 큰 피해를 입은 채 일본으로 도망갔어.

이렇게 임진왜란은 끝났지만, 전쟁은 많은 것들을 파괴하고 바꿔 놓았어. 전쟁터였던 조선은 말할 것도 없고, 일본과 중국까지도 임진왜란을 통해 많은 변화가 일어났지.

> 마침내 일본과의 7년에 걸친 전쟁이 끝났다. 그러나 나라 곳곳이 전쟁터가 된 조선은 많은 백성이 죽고, 농민들의 생활 터전이 황폐화되었으며, 경복궁을 비롯한 중요한 건물들이 일본에 의해 불탔다. 또한 귀중한 물건들을 일본에 많이 빼앗겼다.

7년 동안 조선이 입은 피해는 이루 다 헤아릴 수가 없을 정도였어. 경복궁과 창덕궁을 비롯한 모든 궁궐은 불탔고 기름진 땅도 거칠고 메마르게 변했지. 전쟁 중에 많은 사람들이 죽거나 군사가 되는 바람에 농사도 제대로 지을 수가 없어서 백성들은 굶주림에 시달렸어. 배고픔을 이기지 못한 백성들이 죽은 사람들의 시체를 먹기도 했다는구나. 또한 왜군은 전쟁 중에 죽인 사람들의 숫자를 본국에 보고하기 위해 조선인의 코를 베어서 일본으로 보냈어. 지금도 일본 교토에 남아 있는 '귀무덤'은 이때 생겨난 거야. 원래는 코무덤이었는데, 너무 섬뜩하다고 귀무덤으로 이름을 바꾸었대. 거기 묻혀 있는 건 코지만 말이야. 이렇게 큰 피해를 입은 조선 사회는 커다란 변화를 겪게 된단다.

일본 에도 성에 들어가는 통신사 행렬도

전쟁을 일으킨 일본도 일부 피해를 보았으나, 조선의 문화재를 빼앗고 기술자들과 학자들을 포로로 잡아가서 일본 문화 발전에 이용했어. 특히 평소 조선의 앞선 도자기 기술을 부러워하던 일본인들은 많은 도자기 기술자를 잡아갔는데, 이 중 이삼평이라는 인물은 지금도 일본에서 도자기의 시조로 떠받들여지고 있어.

한편 임진왜란이 끝난 후 일본에서는 도요토미 히데요시의 아들과 도요토미의 부하였던 도쿠가와 이에야스 사이에 전쟁이 벌어져. 여기서 승리해 일본을 지배하게 된 도쿠가와는 조선에 화해를 요청했어. 아직 불안한 일본 정세를 안정시키고 사회를 발전시키

기 위해서는 조선과 외교 관계를 회복하고 앞선 문물을 수입하는 것이 필요했거든. 결국 조선도 이런 일본의 제안을 받아들여서 일본으로 외교 사절단인 통신사를 파견하게 되었단다.

조선에 대규모 군대를 파견한 명나라가 입은 피해도 만만찮았어. 군대를 보내느라 큰 비용이 들었고, 조선에서 많은 병사들이 죽는 바람에 군대도 약해졌지. 결국 새롭게 강자로 떠오른 청나라에 중국 땅을 내주고 만단다. 이 과정에서 조선은 다시 한 번 병자호란이라는 전쟁에 휘말리게 되고 말이야. 여기에 대해서는 다음 시간에 더 자세히 살펴보도록 하자.

역사 현장 답사

이순신 장군을 따라가는 통영 여행

세병관

    아까 수업 시간에 자세히 둘러본 한산도는 경상남도 통영시에 속해 있어. 통영에는 한산도뿐 아니라 이순신 장군과 임진왜란의 흔적을 찾아볼 수 있는 유적지들이 많단다. '통영'이라는 지명도 이곳에 있던 삼도 수군통제영에서 나온 이름이거든.

    통영 역사 기행의 첫 목적지는 통영 시내의 향토역사관이야. 이곳에서는 임진왜란의 실상과 이순신 장군의 활약을 자세히 알 수 있어. '임진왜란실'과 '삼도수군통제영실'을 중심으로 선사 시대와 고대, 중세, 일제 강점기 때의 통영의 모습을 알 수 있는 자료와 유물들을 전시해 놓았어. 향토역사관 바로 옆에 있는 세병관은 삼도 수군통제영의 건물로 쓰인 곳인데, 현재 남아 있는 조선 시대 목조 건축물 중에 가장 규모가 크단다. 임진왜란이 끝난 뒤에 세워진 것이지만 당시 통제영의 규모를 짐작해 볼 수 있는 건물이지. 세병관에서 걸어서 10분 거리에 있는 충렬사는 임진왜란이 끝나고 8년 후에 선조의 명령으로 세워진 이순신 장군의 사당이야. 이순신 장군을 모신 사당은 전국 여러 곳에 있지만, 여기야말로 '국가 공식 사당'이라 할 수 있지. 여기다 한산도까지 둘러보면 임진왜란 당시의 조선 수군과 이순신 장군의 흔적을 찾아보는 역사 기행이 마무리되는 셈이야.

통영의 야경

　기왕 통영까지 왔는데 좀 더 여행을 계속해 볼까? 그렇다면 먼저 다도해를 배경으로 아름답게 펼쳐지는 석양을 볼 수 있는 달아공원으로 가 보자. 여기서는 저도, 송도, 학림도, 추도에서 멀리 욕지도까지 수십 개의 섬이 한눈에 보인단다. 공원에는 섬 이름이 적혀 있는 대형 지도가 있어 하나씩 짝지어 보는 재미도 있지. '달아'는 이곳 지형이 코끼리 어금니를 닮아 붙은 이름이래.

　달아공원에서 일몰을 보고 나서는 통영 운하의 야경을 보러 가자. 운하란 배가 다닐 수 있도록 육지에 파 놓은 물길을 말해. 통영은 시내를 가로지르는 운하 덕분에 '동양의 나폴리'라는 별명을 얻었어. 이탈리아의 나폴리에 있는 운하가 세계적으로 유명하거든. 임진왜란과 이순신 장군 유적, 거기다 아름다운 풍경까지 볼 수 있는 통영 여행, 아빠 엄마랑 꼭 한번 가 보자.

:: 알아 두기 ::
가는 길 통영에 가려면 버스나 기차를 타. 혼자서는 가기 힘들고 어른과 함께 가야 해.
관람 소요 시간 통영까지 간다면 적어도 1박 2일은 머물러야지.
추천 코스 첫날은 세병관과 충렬사를 둘러보고 달아공원에서 일몰을 감상한 후 통영 운하의 야경을 볼 것. 다음 날에 한산도로 이동해서 제승당과 수루, 한산만 등을 둘러보면 좋아.

11교시
조선의 왕이 무릎을 꿇다, 병자호란

'설상가상'이라는 말을 들어 봤니? 나쁜 일이 꼬리에 꼬리를 물고 일어난다는 사자성어야. 임진왜란 이후 30여 년, 이번에는 북쪽의 외적이 쳐들어왔어. 임진왜란의 상처가 아물기도 전에 일어난 또 한 차례의 전쟁은 이겨 내기 힘든 시련이었지. 결국 조선의 국왕이 직접 외적에게 무릎 꿇고 머리를 조아리는 치욕을 당하고 말았단다.

여기는 남한산성. 조선 시대에 외적의 침략을 막기 위해 쌓은 산성인데 지금은 멋진 산책 코스가 되었어. 울창한 나무 사이로 난 산길을 걸으며 확 트인 전망을 보면 기분이 상쾌해져. 이렇게 멋진 남한산성에 가슴 아픈 역사가 숨어 있단다. 병자호란 때 이곳에 머물던 왕이 역사상 처음으로 직접 외적에게 머리를 조아리며 항복을 했거든. 병자호란이란 '병자년(1636년)에 북쪽 오랑캐(청나라)가 일으킨 난리'라는 뜻이야. 지난 시간에 명나라가 임진왜란에 참전하면서 나라 힘이 쇠약해져 결국 청나라에게 중국 땅을 내줬다고 했지? 병자호란은 바로 청나라가 조선을 침략한 전쟁이었어. 왜 청나라는 조선을 침략했을까? 임진왜란도 이겨 낸 조선은 왜 이번엔 지고 말았을까? 지금부터 하나씩 알아보기로 하자.

광해군의 중립 외교, 인조반정을 부르다

그럼 병자호란이 일어나게 된 배경부터 살펴볼까? 임진왜란 이후 과연 어떤 일들이 벌어졌는지 알아보자.

> 📖 명은 조선을 도와 임진왜란에 참전하면서 국력이 급격하게 약해졌다. 이 틈을 타 만주 지방의 여진족은 세력을 키워 후금이라는 나라를 세우고 명과 싸우기 시작하였다. 명은 후금을 물리치기 위하여 조선에 군사를 요청하였지만, 광해군은 중립적인 외교를 하였다.

명나라의 국력이 급격히 약해진 것은 임진왜란 때문만은 아니야. 이 당시 명나라 황제는 무능했고, 신하들은 돈을 받고 벼슬을 사고 팔 정도로 부패했어. 황제가 수십 년 동안 거의 정치에서 손을 떼다시피 하면서 관리들의 부정은 나날이 더욱 심해졌지. 그런 상황에서 임진왜란 때 대규모 군사를 조선에 보냈으니 명나라는 회복할 수 없는 상태에 빠진 거야. 이 틈을 이용해 여진족이 후금을 세운 것이고.

여진족이라, 어디선가 들어 본 이름이지? 맞아. 고려 시대를 공부할 때 나온 이름이야. 윤관이 여진족을 정벌했으나 이후 여진족은 금나라를 세우고 중국 송나라를 공격해 남쪽으로 쫓아낼 정도로 힘이 세졌다고 했지. 하지만 금나라가 몽골에 멸망한 이후 여진족은 수백 년 동안 만주 일대에 흩어져 근근이 살아왔단다. 그러다 이때에 이르러 다시 한 번 힘을 키우게 된 것이지. 그래서 나라의 이름도 옛 금나라를 잇는다는 의미로 '후금'이라 한 거야.

　이때 조선은 선조의 뒤를 이은 광해군이 왕위에 있었어. 후금이 공격해 오자 명나라는 조선에 도움을 요청했어. 광해군은 명나라에 군대를 보내지만 중립적인 입장을 지키라는 비밀 명령을 내렸지. 비록 명나라가 임진왜란 때 우리를 도와줬지만, 명나라를 적극적으로 도왔다가는 후금의 공격을 받을지도 몰랐기 때문이야.

　명나라와 후금, 어느 쪽도 기분 나쁘지 않게 하면서 나라의 이익을 챙기는 것을 '중립 외교'라고 불러. 이러한 정책 덕분에 조선은 전쟁을 피할 수 있었단다. 하지만 중립 외교 정책에 반대하던 신하들은 광해군을 임금 자리에서 쫓아내 버렸어.

조선 시대에 왕을 쫓아내는 것을 뭐라고 부른다고 했지? 맞아, 반정. 조선 시대에 반정으로 쫓겨난 왕은 연산군과 광해군이야. 그래서 이름이 '조'나 '종'이 아니라 '군'으로 끝나지.

그런데 광해군이 쫓겨난 것은 중립 외교 때문만은 아니야. 연산군이 그랬던 것처럼 광해군 또한 반역 혐의를 씌워 형제들을 죽이고 대비를 폐위하는 등 유교에 어긋나는 행동을 했거든. 게다가 철저한 유학자였던 신하들이 보기에 중립 외교란 명나라의 은혜를 저버리는 행동이었어. 마치 어버이를 배신하는 것과 같았지.

광해군을 끌어내고 왕위에 오른 인조는 후금을 배척하고 명나라를 받들었어. 그래서 후금이 1627년에 3만 명의 군대를 이끌고 쳐들어온 거야. 이것을 '정묘호란'이라고 불러. 임진왜란 때 15만 명이 넘는 일본군이 침략한 것에 비하면 소규모 군대였지.

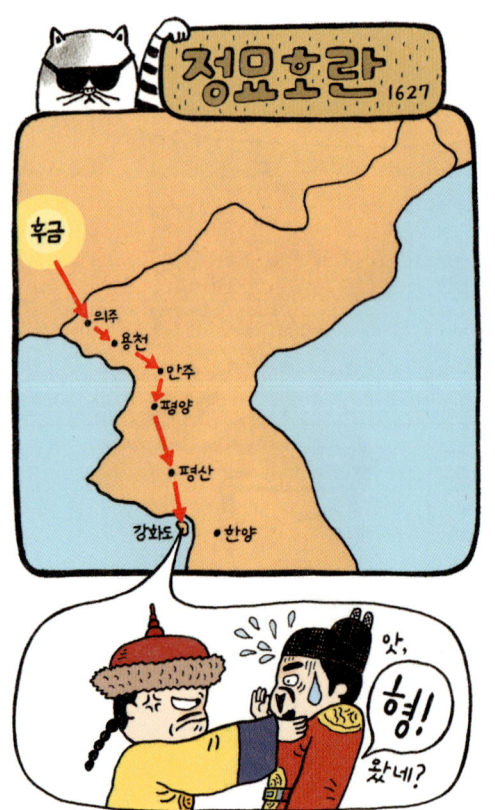

이들은 침략한 지 10일 만에 평양을 점령하고 협상을 제안해. 이번 전쟁의 목적은 조선을 점령하거나 항복을 받는 것이 아니라 조선과 명나라의 관계를 끊어 놓는 것이었거든.

강화도로 피신했던 인조는 후금과 '형제의 나라'로 지내기로 약속하고 전쟁을 끝냈단다.

병자호란과 삼전도의 굴욕

이 정도로 상황이 마무리되었다면 얼마나 좋았을까? 하지만 정묘호란 이후에도 조선과 후금의 관계는 좀처럼 좋아지지 않았어. 조선은 여전히 명나라를 받들면서 후금과는 가까이 지내지 않았거든. 그러자 후금은 조선을 비난하면서 형제 관계를 군신 관계로 바꾸자는 등 무리한 요구를 해 왔고, 조선 또한 강경한 입장을 취하여 둘의 관계는 악화되었어.

이후 후금은 '청'으로 나라 이름을 바꾸고 왕을 황제라 칭했어. 조선은 마지못해 축하 사절을 보냈지만 사절단은 끝까지 청나라 황제에게 절을 하지 않았어. 이처럼 계속되던 갈등은 결국 전쟁(병자호란)으로 폭발하고 말았단다.

조선의 태도에 화가 난 청나라 태종은 몸소 군대를 이끌고 1636년 조선을 침입했어. 막강한 청나라 군대는 압록강을 건넌 지 불과 닷새 만에 한양까지 쳐들어왔지. 뒤늦게 이 사실을 알고 놀란 인조와 신하들은 부랴부랴 남한산성으로 피신했어.

잠시 책을 덮고 남한산성을 돌아볼까? 남한산성은 원래 옛날 백제가 쌓은 토성이었다고 해. 고려 시대에는 별로 중요하게 취급되지 않았지. 그도 그럴 것이 고려

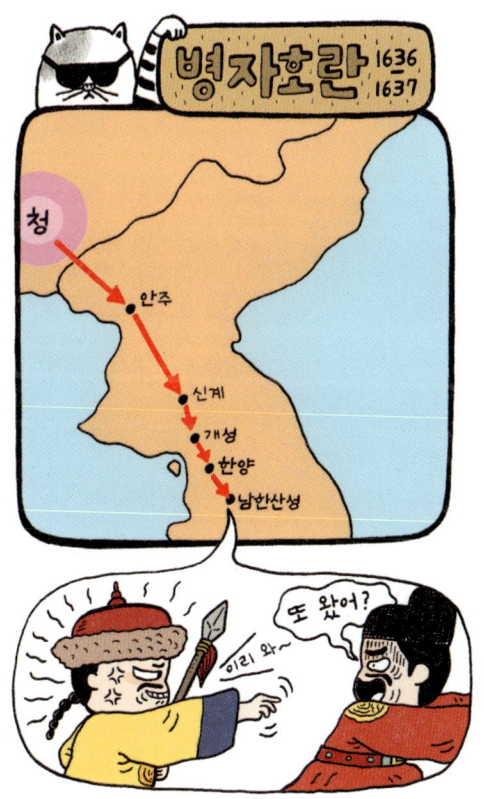

남한산성의 동문인 좌익문

의 수도는 한양보다 훨씬 북쪽에 있던 개경이었으니까.

그러다 조선 인조 때에 후금의 위협이 강해지면서 남한산성을 대대적으로 다시 짓게 되었단다. 이때 8킬로미터에 달하는 산성이 완성되었어.

하지만 청나라가 1636년 병자호란을 일으켰을 때 인조가 피신하려고 했던 곳은 남한산성이 아니라 강화도였어. 강화도는 고려 시대에 몽골이 침략했을 때부터 정묘호란 때까지 조선 왕들의 단골 피신처였거든. 인조는 남한산성을 짓는 한편, 강화도의 읍성을 다시 짓고 곳곳에 요새를 만들기도 했어. 왕은 강화도에 들어가 버티고, 군사들이 남한산성을 거점으로 적을 공격한다는 계획이었지.

하지만 청나라가 쳐들어오는 속도가 너무 빨라 미처 강화도로 들어갈 수가 없었어. 인조의 둘째 아들인 봉림 대군 등 왕족 중 일부가 겨우 강화도로 들어갔지만, 왕과 세자를 비롯한 대다수는 남한산성에 남은 채 싸움을 하게 되었단다. 조선이 남한산성을 다시 짓는 등 청나라 군대를 막기 위해 노력했지만 역부족이었어. 병자호란 때는 정묘호란 때와는 달리 조선의 항복을 제대로 받아 내기 위해 청나라 황제가 수만 명의 대군을 직접 거느리고 쳐들어왔거든.

청나라 태종

남한산성에서 겨우 버티던 인조에게 어느 날 날벼락 같은 소식이 전해졌어. 강화도가 청나라에 무너졌다는 거야. 고려 시대에 몽골 군대를 40년이나 막았던 강화도가 불과 두 달 만에 점령당한 것이지. 청나라 군대에는 물 위에서 싸우는 수전에 익숙했던 군사들이 있었거든. 게다가 당시 청나라 군대가 갖고 있던 대포는 강화도의 성벽을 한 방에 부숴 버릴 만큼 강력했어. 남한산성에서 조금만 더 버티면 전국 각지에서 구원병들이 달려올 것이고, 그 틈을 타서 강화도로 피신을 가려던 인조의 계획이 무너져 버린 거야.

　　결국 인조는 남한산성에서 나와 청 태종이 머물던 한강의 나루터인 삼전도로 가서 무릎을 꿇고 머리를 조아리며 항복하고 말았단다. 이걸 '삼전도의 굴욕'이라고 부르는데, 우리 역사상 왕이 직접 외적에게 항복의 예를 올린 것은 처음이야.

　　인조의 항복으로 병자호란은 끝이 났어. 청나라와 조선은 임금과 신하의 관계를 맺었고, 많은 사람들이 청나라로 끌려가게 되었단다. 그중에는 끝까지 항복을 반대하고 청나라와 맞서 싸울 것을 주장하던 신하들도 있었어. 끝까지 싸우자고 주장한 신하들을 '척화파', 강화를 맺자는 신하들을 '주화파'로 불렀어. 인조는 결국 주화파의 의견을 받아들여 항복을 했고, 청나라는 소현 세자와 봉림 대군을 인질로 잡아가면서 척화파를 대표하는 세 사람의 학자를 넘겨줄 것을 요구했어. 이 세 학자는 청나라로 끌려가서도 당당히 자신의 주장을 펴다 죽임을 당하고 말았단다. 훗날 사람들은 이들을 '삼학사'로 부르면서 존경했지.

병자호란이 남긴 것들

청나라로 끌려간 사람들은 왕족과 신하들만이 아니야. 수십만 명의 백성들도 끌려갔어. 평범한 백성들이 무슨 중요한 인질이 되겠느냐고? 청나라 군사가 조선 백성들을 끌고 간 것은 몸값을 받기 위해서였거든. 부유한 양반들은 많은 몸값을 주고서라도 가족을 데려올 수 있었지만, 가난한 상민들은 목숨을 걸고 탈출하는 방법밖에는 돌아올 길이 없었지. 하지만 여성의 경우에는 천신만고 끝에 돌아온다 하더라도 남편에게 이혼당하는 일이 흔했어. 오랑캐에게 몸을 더럽히고 온 아내와는 살 수 없다는 것이 이유였단다.

이것 참, 자기 아내를 지키지 못한 것을 부끄럽게 여기기는커녕, 갖은 고생 끝에 돌아온 아내를 쫓아내다니. 하지만 당시 대다수 조선 양반들은 이렇게 생각했고, 청나라로 끌려갔다 고향으로 돌아온 여인은 심각한 사회 문제가 되었어. 당시 조정에서는 이러한 이유로 아내와 이혼하는 것을 금지했지만, 실제로는 청나라에서 돌아온 아내를 버리는 경우가 많았지.

한편 병자호란에서 승리한 청나라는 이제 거칠 것 없이 명나라로 쳐들어갔어. 그런데 이미 쇠약해진 명나라는 내부에서 반란이 일어나 청나라가 공격하기도 전에 멸망해 버리고 말았단다. 청나라는 손쉽게 명나라가 다스리던 중국 땅을 손에 넣었어. 이로써 한결 여유로워진 청나라는 인질로 있던 소현 세자를 조선으로 돌려보내지. 이제 명나라가 사라졌으니 조선이 청나라에 대적하는 일은 없으리라 생각한 거야. 하지만 여전히 조선에는 명나라와의 의리를 지키고 병자호란의 치욕을 갚기 위해 청나라와 전쟁을 벌여야 한다고 주장하는 사람들이 많았단다.

다음은 병자호란을 겪은 조선 사람들의 증언이다. 사실과 다른 것은?

① 인조: 강화도로 피란만 갔어도 항복을 안 할 수 있었는데…….
② 청나라 병사: 몸값을 받기 위해서 조선인들을 많이 끌고 갔지.
③ 청나라에서 돌아온 여인: 겨우 살아온 나를 남편이 버리다니…….
④ 척화파: 나라가 망하는 한이 있어도 청나라에 항복할 수는 없다!

정답 | ①번. 강화도는 남한산성보다 먼저 함락되었어.

북학론 대 북벌론

청나라에 인질로 잡혀갔던 소현 세자와 봉림 대군은 청나라에서 무사히 지냈을까? 소현 세자는 청나라 사람들과 활발하게 관계를 맺으면서 조선의 입장을 대변하는 외교관 역할을 톡톡히 했단다. 그뿐만 아니라 청나라가 서양의 문물을 받아들여 발전하는 모습을 보면서, 청나라를 오랑캐라 업신여기며 전쟁을 준비하기보다는 나라의 실력을 기르는 것이 우선이라고 생각하게 되었지. 그래서 청나라에 있는 동안 서양의 선교사를 만나 서양의 현실과 과학에 대한 이야기를 나누었을 뿐 아니라, 서양의 과학 서적과 물건들을 조선으로 가져왔어. 그런데 안타깝게도 소현 세자는 귀국한 지 얼마 되지 않아 갑자기 세상을 뜨고 말아. 하지만 서양 과학과 청나라의 발전을 배워야 한다는 그의 생각은 이후 '북학론'으로 이어진단다.

소현 세자가 죽자 그와 함께 볼모로 끌려갔던 동생 봉림 대군이 왕위에 올라 효종이 되었어. 효종은 형과는 달리 병자호란의 치욕을 갚기 위해 청나라를 치려고 했지. 이걸 '북벌론'이라 불러. 이를 위해 효종은 성과 무기를 새롭게 정비하고 군사력을 키우는 등 전쟁 준비를 했지만 실천으로 옮기지는 못했어. 즉위한 지 10년 만에 효종 또한 소현 세자처럼 갑작스럽게 죽음을 맞이하거든.

언뜻 보기에 북학론과 북벌론은 정반대의 주장이지만 이 둘은 모두 병자호란으로 어려워진 나라를 위해 나왔다는 공통점이 있어. 임진왜란과 병자호란을 겪으면서 조선 사회는 혼란에 빠져들었거든. 서양과 청나라의 앞선 문물을 받아들여 나라를 발전시키자는 것이 북학론이라면, 유교적 가치를 다시 세움으로써 혼란을 바로잡겠다는 생각이 북벌론이었어. 청나라와 전쟁을 일으키지 않는다 할지라도 청나라에 대한 복수를 다짐하고 명나라의 은혜를 잊지 않는 것은 유교적 질서를 바로 세우는 데 중요한 일이었지.

자, 드디어 3권이 끝났어. 유교 국가 조선의 탄생에서 병자호란에 이르기까지, 조선 전기를 모두 배웠네. 고려 말의 혼란을 딛고 새롭게 태어난 조선이 두 번의 전쟁을 거치면서 다시 혼란 속으로 빠져들었군. 앞으로 조선의 운명은 어떻게 될까? 4권에서 알아보자고!

교과서에 안 나오는 이야기

끝장 토론, 척화파 대 주화파

여기는 청나라 군대에 포위된 남한산성이야. 이런 위급한 상황에서도 조선의 신하들은 맞서 싸우자는 척화파와 협상을 주장하는 주화파로 나뉘어 싸우고 있네. 척화파를 대표하는 김상헌과 주화파의 대부인 최명길, 두 사람의 토론을 들어 보자.

척화파 김상헌 주화파 최명길

 김상헌
지금 청나라에 항복하는 것은 유교의 도리를 저버리는 것이오. 끝까지 싸우는 것만이 의리와 명분을 지키는 길입니다.

 최명길
하지만 나라가 망한다면 목숨을 걸고 싸운들 무슨 소용이 있겠습니까? 지금 강화 협상을 통해 항복하는 길만이 유일하게 나라를 지킬 수 있는 길입니다.

 김상헌
지금 항복한다고 해서 나라가 보존된다는 보장이 어디 있소? 지금 항복을 한다면 나라가 망할 뿐 아니라 명나라에 대한 의리마저 버리게 될 것이오.

 최명길
어째서 해 보지도 않고 안 된다 말씀하시오? 전쟁을 하면 패배가 뻔히 보이는데도 척화파가 명분만을 내세워 전쟁을 벌이다 일이 여기까지 이르게 된 거잖소? 청나라의 요구대로 쌀을 주고 명나라와의 관계를 끊었으면 전쟁은 피할 수 있었을 거요.

 김상헌
아니, 명나라는 임진왜란 때 우리를 도와준 은인이오. 상황이 불리하다고 은혜를 저버린다면 어찌 유학자라 할 수 있겠소?

 최명길
나는 유학자이기 전에 이 나라의 백성이오. 이 나라와 왕조를 보존할 수만 있다면 나는 유학자가 아니어도 좋소. 당신처럼 명분을 따르는 사람도 중요하지만 나처럼 현실을 받아들이는 사람도 필요한 법이오.

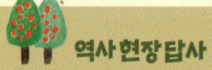 역사 현장 답사

역사 따라 걷는 산길, 남한산성

남한산성의 서문인 우익문

    병자호란의 무대였던 남한산성이 자리 잡은 남한산은 해발 500미터가 조금 넘어. 그리 높지도 않고 낮지도 않지. 그리고 남한산은 서울과 경기도 광주시, 성남시, 하남시 등을 아우르고 있어서 주말이면 나들이 온 사람들로 북적여. 도심과 멀지 않으면서도 자연을 만 끽할 수 있고 조선의 역사까지 몸으로 느낄 수 있으니 한나절 여행 코스로 손색이 없어.

    남한산성 아래에는 행궁이 있어. 왕이 임시로 거처하는 곳을 행궁이라고 해. 병자호란 기간에 인조가 머문 곳이 바로 여기지. 일제 강점기와 6·25 전쟁을 거치면서 파괴되었던 것을 최근에 복원했어. 한눈에 봐도 왕이 머물 만큼 규모가 크지. 중심 건물인 외행전과 내행전 주위로 작은 건물들이 줄지어 서 있고, 후원까지 갖추어서 제법 궁궐 같은 느낌이 들어.

    행궁을 나와 조금만 위로 오르면 키 큰 소나무 숲이 나와. 군데군데 소나무 그늘 아래 자리를 깔고 김밥이며 과일을 먹는 사람들이 한가롭네. 숲길을 따라 조금 걸으면 '수어장대

수어장대

　라고 불리는 멋진 건물이 나와. 왕을 지키는 수어청의 장군들이 군사를 지휘하던 곳이야. 인조가 후금의 침략을 대비해 남한산성을 고쳐 쌓으면서 지은 건물이지. 사방이 트여 전망이 좋은 것이 군사를 지휘하는 데 안성맞춤이었겠군.

　수어장대에서 산길을 따라 20분 남짓 걸으면 남한산성의 서문이 나와. 가는 길 곳곳에는 약수터가 있어. 이렇게 물이 풍부했기 때문에 산성을 지을 수 있었던 거야. 남한산성은 적이 들어오는 길목을 막는다기보다는 이곳을 지키면서 적에게 반격을 가하는 기지였거든. 서문을 지나가면 적군 몰래 드나들었다는 작은 암문도 있어. 다시 새소리 들으면서 쉬엄쉬엄 걷다 보면 동문이 나오고, 거기서 10여 분만 더 가면 남한산성역사관이 나와. 여기까지 왔다면 배에서 꼬르륵 소리가 들릴 거야. 남한산성역사관 주변에는 100여 개의 음식점이 몰려 있으니 입맛 따라 골라 먹어 보자고.

:: 알아 두기 ::

가는 길 　지하철 8호선 산성역에서 시내버스를 타고 30분쯤 가면 남한산성 정류장에 도착해.

관람 소요 시간 　약 3시간.
휴관일 　행궁은 매주 월요일 쉬어.
추천 코스 　행궁을 보고 산길을 걸어서 수어장대를 본 후 동문까지 쉬엄쉬엄 산책해.

찾아보기

ㄱ

강감찬 168
강강술래 158, 159
강녕전 67, 79
강화도 196, 198, 199
갑자사화 112
거북선 166, 176
『경국대전』 62, 97, 98, 100, 106~109, 115
경복궁 12, 25, 46, 48, 51, 52, 54, 61, 64~78, 81, 131, 187
경천사지 십층석탑 26, 27
경희궁 46, 51, 53
계례 116
고경명 178
고누 161
「고누 놀이」 160
고싸움놀이 158, 159
공민왕 36, 38, 42, 43
공양왕 12, 38
공조 20, 25, 106
과전법 39
곽재우 177~180
관례 116, 117
관혼상제 116, 121, 127
광해군 53, 164, 194~196
광화문 18, 24, 25, 46, 54, 65, 66
교태전 67, 79
구텐베르크 92
권율 178, 179
귀무덤 187
귀주 대첩 168

근정전 67, 68, 78, 79
기묘사화 112
「기와 이기」 141
김득신 132
김매기 152, 155
김상헌 205
김성일 171, 172
김시민 177, 179, 180
김정호 45
김종서 62, 90
김천일 178
김홍도 141, 160

ㄴ

『난중일기』 167
남녀칠세부동석 134
남촌 47, 56, 57, 131
남한산성 192, 193, 197~200, 205~207
「노상알현도」 132
『농사직설』 85, 86
농한기 153

ㄷ

「단심가」 27~29
단종 62, 99, 100~102
단종 복위 운동 101
달력 22, 154
대간 102, 103
대성전 123, 128
덕수궁 51, 53
도요토미 히데요시 169~171, 185, 188
도쿠가와 이에야스 188
도편수 139, 140
도화서 138

돈의문 46, 50
『동국여지승람』 103, 104
『동국통감』 103, 105
「동궐도」 52
「동래부 순절도」 173
동인 172
두레 151

ㅁ

명나라 30, 31, 36, 37, 171, 181, 182, 185, 189, 194~197, 202
명량 해전 184, 185
명량 해협(울돌목) 184, 185
명종 109
모내기 150~155
묘호 105
『무구 정광 대다라니경』 92
무오사화 112
문종 99
민영휘 134, 139, 140

ㅂ

박연 88
반상제 133
반정 126, 196
백의종군 182
법궁 65
「벼 타작」 141
병자호란 164, 194, 197~207
병조 18, 25, 106
보신각 47, 50
봄갈이 151
봉림 대군 199, 200, 204
부산포 174
북방 개척 81, 88~90
북벌론 203, 204

북촌 56, 57, 131, 134
북학론 203, 204
붕당 172

ㅅ

사간원 103
4군 90
사대교린 89
4대 봉사 120
사림 124~127, 172
사명당 178, 179
사육신 101
사정전 67, 79
사직단 46, 48, 49, 57
사헌부 103
사화 127
산원 138
살수 대첩 168
삼강오륜 121, 122, 127
『삼강행실도』 122
삼년상 119, 120, 137
삼도 수군통제사 168, 183
삼도 수군통제영 168, 190
삼사 103
삼전도 200
삼종지도 120
삼학사 200
상례 116, 119
생육신 101
서산 대사 178, 179
서수 67
서인 172
선조 42, 171, 172, 174, 180, 181, 190, 195
선죽교 30
성균관 47, 123, 124, 128, 129
성리학 98

성종 62, 97~105, 110, 111, 115, 124~126
세시 음식 156
세시 풍속 156
세조 62, 98~102, 124
세종 62, 65, 68~77, 81~93
소현 세자 200, 203, 204
솟대 157
수렴청정 100
수문장 교대식 66
「수선 전도」 44~47
수양 대군 99~101
수정전 67
숙정문 46, 50
숭례문 46, 50
숭유억불 21
승경도놀이 161
승병 178
신립 174, 180
신사임당 137, 138, 169
신숙주 68, 69, 70
신진 사대부 16, 17, 22, 33, 34, 36, 38~40, 98, 124, 125
십만 양병설 170
씨름 158, 161

ㅇ

『악학궤범』 103, 105
안평 대군 99
앙부일구 22, 93
양녕 대군 70, 71
양천제 132, 133
여막 120
여진족 88, 89, 180, 194
역관 57, 131, 138, 139
역성혁명 35, 41, 124
연날리기 158

연산군 112, 126, 127, 196
영제교 67
『예기』 134
예조 18, 25, 106
예종 100
옥포 174
왕자의 난 12, 57, 58, 99
왜구 30~32, 36
우왕 37, 38
운종가 46, 54~56
울돌목 → 명량 해협
원균 183
위화도 회군 36~38
유네스코 세계 기록 유산 91
유네스코 세계 문화유산 51
유생 123, 128, 129
육조 18, 20, 106
육조 거리 18, 20, 24, 25, 46, 54
6진 62, 90
윤관 194
윤작법 86
윷놀이 161
을지문덕 198
음양관 139
의관 57, 131, 138, 139
의병 177~179
이궁 65
이모작 152, 153
이방원 12, 28, 29, 40, 57, 58
이삼평 188
이성계 12, 22, 28, 30, 34, 36~41, 48, 57, 58
이순신 15, 25, 159, 167, 168, 174~178, 181~186, 190, 191
이승업 139, 140, 144
24절기 154~156
이앙법 150
이이 137, 138, 169, 170

이조 18, 25, 106
인수 대비 126
인조 164, 196~200, 206, 207
인조반정 194
「일월오봉도」 79, 94
임진왜란 51, 159, 164, 167~191
임진왜란 3대 대첩 178

자격루 80, 82, 83, 85, 95
장승 157
장영실 72, 82, 84, 85, 93
전라 좌수사 174, 175
정도전 32~34, 36, 39, 41, 48, 50, 51, 57, 67
정몽주 28~30, 33, 34, 36, 39, 40, 57
정묘호란 196, 198, 199
정문부 178, 179
정유재란 164, 181
정희 왕후 100
제례 116, 120
제승당 168, 175, 186, 190, 191
조광조 112, 123, 124, 126
『조선왕조실록』 91
조총 172, 175
조헌 178
종묘 41, 43, 47~49
『주례』 48, 49
주시경 74
주화파 200, 205
줄다리기 158
중립 외교 194~196
중종 111, 112, 126
중촌 56, 57, 131, 139
『직지심체요절』 92
진주성 177, 178

집현전 62, 67~70, 101, 102

창경궁 47, 51, 52
창덕궁 47, 51~53, 65, 187
창왕 38
척화파 200, 205
철령 이북 36, 37
청나라 193, 189, 197~205
청나라 태종 197, 199, 200
청계천 47, 56, 131, 134, 139
최만리 75
최명길 205
최영 36~38
충녕 대군 70, 71
친명파 37
칠백의총 178
『칠정산』 85

ㅌ
탁본 30
태종 12, 58, 59, 70~72, 84, 92, 98, 99
통신사 88, 89

ㅍ
판옥선 176, 184
편경 87, 88
품앗이 151

「하여가」 28
학익진 176
한산도 대첩 168, 178

한산도 166, 167, 174, 190, 191
「한산섬 달 밝은 밤에」 167
한양 12, 15, 17, 202, 21, 45~56
행주산성 177, 178
향리 16, 33
향약 112, 127
형조 18, 25, 106, 108
호조 18, 106
혼례 116~118
혼천의 85, 94
홍건적 30~32, 36
홍문관 102, 103
화원 138
화포 175, 176, 185
「활쏘기」 160
황산대첩비 30, 31
황윤길 171, 172
효령 대군 70
효종 204
후금 194~198, 207
훈구파 124~127
훈민정음 22, 62, 72~77
『훈민정음 해례본』 73
흥례문 65, 66
흥인지문 47, 50

참고한 책과 사이트

강명관 『조선의 뒷골목 풍경』, 푸른역사 2003.
권내현 외 『미래를 여는 한국의 역사 3』, 웅진지식하우스 2011.
규장각한국학연구원 『조선 국왕의 일생』, 글항아리 2009.
규장각한국학연구원 『조선 양반의 일생』, 글항아리 2009.
규장각한국학연구원 『조선 여성의 일생』, 글항아리 2010.
규장각한국학연구원 『조선 전문가의 일생』, 글항아리 2010.
김문식 『왕세자의 입학식』, 문학동네 2010.
김문식 외 『조선의 왕세자 교육』, 김영사 2003.
남경태 『종횡무진 한국사-하』, 그린비 2009.
박시백 『박시백의 조선왕조실록 1~12』, 휴머니스트 2005~2008.
박윤규 『우리 역사를 움직인 20인의 재상』, 미래M&B 1999.
박은봉 『한국사 편지 3』, 책과함께어린이 2009.
서울문화사학회 『조선시대 서울 사람들 1, 2』, 어진이 2003.
신병주 『키워드 한국사 4』, 사계절 2012.
아틀라스 한국사 편찬위원회 『아틀라스 한국사』, 사계절 2004.
양택규 『경복궁에 대해 알아야 할 모든 것』, 책과함께 2007.
『역사비평』 편집위원회 『논쟁으로 읽는 한국사 1』, 역사비평사 2009.
역사신문편찬위원회 『역사신문 3』, 사계절 1996.
오주석 『오주석의 옛 그림 읽기의 즐거움 1, 2』, 솔출판사 2005, 2006.
유성룡 『징비록』, 김흥식 옮김, 서해문집 2003.
이덕일 『조선 왕 독살사건 1, 2』, 다산초당 2009.
이민웅 『임진왜란 해전사』, 청어람미디어 2004.
이병유 『왕에게 가다』, 지오마케팅 2008.
이상각 『조선팔천』, 서해문집 2011.
이성무 『조선시대 당쟁사 1, 2』, 아름다운날 2007.
이순신 『난중일기』, 이민수 옮김, 범우사 2007.
이우상 『조선왕릉, 잠들지 못하는 역사』, 다할미디어 2014.
이이화 『한국사 이야기 9~12』, 한길사 2000.
이한 『성균관의 공부 벌레들』, 수막새 2010.
이현군 『옛 지도를 들고 서울을 걷다』, 청어람미디어, 2009.
임기환 외 『현장 검증 우리 역사』, 서해문집 2010.
장지연 『마주보는 한국사 교실 5』, 웅진주니어 2010.
정수일 『한국 속의 세계-하』, 창비 2005.
정연식 『일상으로 본 조선시대 이야기 1, 2』, 청년사 2001.
정은임 외 『궁궐 사람들의 삶과 문화』, 태학사 2007.
정지아 『조선 최고의 과학 기술자 장영실』, 주니어RHK 2006.

조유식 『정도전을 위한 변명』, 휴머니스트 2014.
한국생활사박물관편찬위원회 『한국생활사박물관 9』, 사계절 2003.
한명기 『정묘·병자호란과 동아시아』, 푸른역사 2009.
한영우 『다시 찾는 우리 역사 2』, 경세원 2004.
한영우 『정도전』, 지식산업사 1999.
한영우 『조선의 집 동궐에 들다』, 효형출판 2006.
홍순민 『우리 궁궐 이야기』, 청년사 1999.

국사편찬위원회 history.go.kr
문화콘텐츠닷컴 culturecontent.com
조선왕조실록 sillok.history.go.kr
한국사데이터베이스 db.history.go.kr
한국역사통합정보시스템 koreanhistory.or.kr

사진 제공

고려대학교박물관	52면
국립고궁박물관	78면(경회루 연못에서 나온 용 상), 80면(자격루), 85면, 87면, 94면, 95면(적의, 곤룡포)
국립민속박물관	114면, 118면, 119면, 128면(서안)
국립중앙박물관	26면, 30면, 31면, 44면, 96면, 98면, 122면, 141면, 160면, 175면, 188면
굿이미지	42면, 78면(근정전의 옥좌), 145면(국악 공연), 206면
농업박물관	146면, 149면, 150면, 151면, 152면, 153면
문화재청	39면, 73면, 91면, 111면
서울역사박물관	49면, 54면, 60면
세종대왕기념사업회	93면(수표)
세종대왕유적관리소	93면(간의)
연합뉴스	33면, 43면, 110면, 186면, 198면
전쟁기념관	176면
토픽이미지	14면, 130면
WIKIMEDIA COMMONS	쉰지식인 24면(해태 상), Bernat Agullo 93면(앙부일구), Steve46814 34면

이 책에 수록된 사진 중 일부는 원저작권자를 확보하기 위한 노력에도 불구하고 권리자의 허가를 확보하지 못한 상태로 출간되었습니다. 저작권자가 확인될 시 창비는 원저작권자와 최선을 다해 협의하겠습니다.
All reasonable measures have been taken to secure Korean translation copyright of the photos in this book, but some of them couldn't be legally secured. If the copyright holders appear, Changbi will take responsibility for the use of the photos and discuss the best way of copyright use.

'재미있다! 한국사' 시리즈에 자문해 주신 선생님들

강부석 수원 율전초등학교
강선하 인천 해원초등학교
경현미 양산 소토초등학교
공병묵 인천 서림초등학교
곽형준 창원 토월초등학교
구서준 서울보라매초등학교
구양은 수원 갈곡초등학교
구윤미 대전버드내초등학교
권동근 포항 신광초등학교
권민정 인천원당초등학교
권윤주 광명 하안북중학교
권지혜 부산 연제초등학교
권태완 파주 연풍초등학교
권효정 서울계남초등학교
길혜성 화성 능동초등학교
김경아 경주 아화초등학교
김고은 대구 운암초등학교
김기옥 청주 각리초등학교
김기호 대구 관문초등학교
김나미 대전상원초등학교
김나영 남양주월문초등학교
김명준 안산 덕성초등학교
김문희 대구동부초등학교
김보라 서울 두산초등학교
김보람 제주 도남초등학교
김보미 서울 전농초등학교
김봉준 시흥도원초등학교
김상일 서울천왕초등학교
김선영 안양 호성초등학교
김선혜 인천동수초등학교

김성주 서울 군자초등학교
김성주 포천 선단초등학교
김세왕 인천장도초등학교
김송정 용인 성복초등학교
김수진 인천병방초등학교
김순선 부산 기장초등학교
김시연 양평초등학교
김영희 광주 미산초등학교
김외순 서울천왕초등학교
김윤정 서울 신자초등학교
김은미 수원 효성초등학교
김은형 성남 서현초등학교
김재수 서울 중랑초등학교
김정수 밀양초등학교
김정아 서울삼선초등학교
김정은 서울상일초등학교
김주현 창원 진해웅천초등학교
김지영 서울 가주초등학교
김지인 부천 부인초등학교
김진아 서울가동초등학교
김진영 서울 수색초등학교
김찬경 제주 서귀포초등학교
김취리 서울수암초등학교
김태영 김포 신양초등학교
김행연 용인 산양초등학교
김현경 부산 명덕초등학교
김현랑 광주 장덕초등학교
김현아 광주 매곡초등학교
김현애 서울영림초등학교
김현정 안산 석호초등학교

김현정 광양 옥룡초등학교
김현정 공주 태봉초등학교
김현진 원주삼육초등학교
김혜정 서울 구암초등학교
김희숙 광주 장덕초등학교
나진경 인천안남초등학교
남지은 동해초등학교
노경미 창원 사파초등학교
노하정 안산 시랑초등학교
문재식 해남 서정분교
문철민 순천인안초등학교
문희진 서울언북초등학교
민선경 서울당중초등학교
민지연 대전두리초등학교
박경진 대구 운암초등학교
박길훈 남양주 수동초등학교
박미숙 대구관문초등학교
박미영 부천 상원고등학교
박상휴 파주 해솔초등학교
박선옥 고양 행신초등학교
박선하 서울일신초등학교
박송희 광주 광림초등학교
박수연 동대전초등학교
박순천 서울 상곡초등학교
박연신 서울동교초등학교
박영미 시흥 도일초등학교
박영수 고양 오마초등학교
박은정 안양 호계초등학교
박인숙 서울 숭덕초등학교
박정례 서울발산초등학교

박정순 용인 서원초등학교
박정은 남원용성초등학교
박정환 안양호암초등학교
박주송 대구도원초등학교
박지민 서울언주초등학교
박진환 논산 내동초등학교
박해영 동대구초등학교
박현웅 고양 상탄초등학교
박현주 대구남산초등학교
박혜옥 남양주 진건초등학교
박효진 오산 운산초등학교
방세영 서울천일초등학교
방혜경 안양 관양초등학교
배능재 대전성모초등학교
배현진 남양주 평동초등학교
백미연 상주남부초등학교
백소연 천안 성환초등학교
봉혜영 인천 심곡초등학교
설명숙 군산푸른솔초등학교
설성석 대구태전초등학교
성기범 창원 해운초등학교
손미령 제주 한천초등학교
송유리 인천당하초등학교
송정애 대전갑천초등학교
송지원 서울사당초등학교
송지혜 서울오현초등학교
시지양 파주 장파초등학교
신수민 진천 상신초등학교
신은하 파주 금릉중학교
신주은 인천 소양초등학교

신지영 남양주 진건중학교	이경희 고양 백양초등학교	장병학 김해 진영대창초등학교	최보순 순천 상사초등학교
심은영 고양 송포초등학교	이금자 포천 관인초등학교	장성훈 김천 개령서부초등학교	최영미 서울 면중초등학교
심지선 익산 낭산초등학교	이명진 서울계남초등학교	장영만 완도 보길초등학교	최영선 의왕초등학교
안시현 광주 불로초등학교	이미애 대구운암초등학교	장인화 천안 두정초등학교	최영순 울산 매산초등학교
양미자 부산 연동초등학교	이미옥 상주 백원초등학교	장희영 장흥 회진초등학교	최은경 울산 달천중학교
양선자 고양 일산초등학교	이미정 인천굴현초등학교	전미영 대구 신매초등학교	최은경 청주 덕성초등학교
양선형 고양동산초등학교	이상화 남양주 진건초등학교	전영희 동해중앙초등학교	최은경 군포초등학교
양유진 서울반포초등학교	이수진 고양 무원초등학교	정금도 진주 봉래초등학교	최정남 담양동초등학교
양정은 당진 원당중학교	이슬기 서울북가좌초등학교	정미나 부산 가야초등학교	최종득 거제 제산초등학교
양해란 화성 숲속초등학교	이애지 서울원신초등학교	정민석 남양주 진건초등학교	최지연 서울 강명초등학교
양혜선 춘천 동내초등학교	이어진 서울 반포초등학교	정수옥 군포 능내초등학교	최혜영 서울강명초등학교
어유경 안양 범계초등학교	이엄지 여주 죽립초등학교	정용석 고양 무원초등학교	하선영 대구 대서초등학교
엄혜진 서울 안산초등학교	이윤숙 가평 조종초등학교	정유정 서울신은초등학교	하영자 부천 범박초등학교
여유경 대전 대덕초등학교	이윤아 광명 하안남초등학교	정윤미 서울오류초등학교	한수희 대전성천초등학교
염선일 오산원일초등학교	이윤진 서울조원초등학교	정인혜 부천 부인초등학교	한은영 안산 선부초등학교
오선미 대전목양초등학교	이은경 서울 월계중학교	정지운 삼척초등학교	한주경 인천 부원여자중학교
오해선 거제 진목초등학교	이은숙 홍성 덕명초등학교	정하종 아산 용화초등학교	한지화 전주인후초등학교
우경숙 서울구로초등학교	이재숙 의왕 백운초등학교	정혜선 인천 공촌초등학교	함욱 시흥 함현초등학교
유경미 고양 무원초등학교	이재형 서울 영훈초등학교	조동화 서울 광성해맑음학교	홍성대 부산 삼덕초등학교
유다영 구리 구룡초등학교	이종화 남양주 진건초등학교	조미경 대구 운암초등학교	홍정기 남양주 진건초등학교
유소녕 서울아현초등학교	이준미 부산 신덕초등학교	조미숙 서산 부성초등학교	홍현정 대구 불로초등학교
윤민경 대구 강북초등학교	이준엽 남양주 진건초등학교	조민섭 포항 연일초등학교	황기웅 해남서초등학교
윤선웅 시흥 군서초등학교	이진영 서울 공릉초등학교	조은미 통영 진남초등학교	황성숙 화성 반송초등학교
윤영란 대전버드내초등학교	이현주 남양주 진건초등학교	조은희 서울 문성초등학교	황정임 양산 신양초등학교
윤영옥 화천 상승초등학교 노동분교	이형연 영광 백수초등학교	조한결 남양주 진건초등학교	황지연 김포 감정초등학교
윤일호 진안 장승초등학교	이형경 서울숭미초등학교	조한내 광명 광문초등학교	황혜민 김포 신곡초등학교
윤창희 시흥신천초등학교	이효민 남양주 장내초등학교	조형림 수원 곡정초등학교	* 2014년 기준 소속 학교 표시
윤혜선 용인초등학교	임미영 천안 불당초등학교	진주형 김해 구봉초등학교	
윤혜자 화성 배양초등학교	임정은 의정부중앙초등학교	진현 수원 황곡초등학교	
이경진 울산 신복초등학교	임행숙 광양 옥룡초등학교	천진승 김해 생림초등학교